Social Customer Relationship Management

Rainer Alt · Olaf Reinhold

Social Customer Relationship Management

Grundlagen, Anwendungen und Technologien

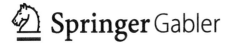

Rainer Alt
Institut für Wirtschaftsinformatik
Universität Leipzig
Leipzig, Deutschland

Olaf Reinhold
Institut für Wirtschaftsinformatik
Universität Leipzig
Leipzig, Deutschland

ISBN 978-3-662-52789-4   ISBN 978-3-662-52790-0   (eBook)
DOI 10.1007/978-3-662-52790-0

Die Deutsche Nationalbibliothek verzeichnet diese Publikation in der Deutschen National-
bibliografie; detaillierte bibliografische Daten sind im Internet über http://dnb.d-nb.de abrufbar.

Springer Gabler

Gedruckt auf säurefreiem und chlorfrei gebleichtem Papier

Springer Gabler ist Teil von Springer Nature
Die eingetragene Gesellschaft ist Springer-Verlag GmbH Deutschland
Die Anschrift der Gesellschaft ist: Heidelberger Platz 3, 14197 Berlin, Germany

Vorwort

Social Media bedeuten nach dem World Wide Web und dem elektronischen Handel (Electronic Commerce) eine dritte Entwicklungsphase des Internets. Mittlerweile sind mehrere hundert Millionen Menschen bei Social Media-Plattformen wie Facebook, Twitter oder YouTube registriert und nutzen diese Medien regelmäßig. Jedoch haben trotz der vielfältigen neuen Interaktionsmöglichkeiten viele Anwender ein ambivalentes Verhältnis zu Social Media aufgrund der offensichtlichen Datenvielfalt und -heterogenität, aber auch aufgrund von Bedenken bezüglich dem Verlust ihrer Privatsphäre und der intransparenten Verwendung ihrer Daten. Für Unternehmen sind mit der aktiven Nutzung von Social Media-Kanälen gleichermaßen Potenziale und Risiken verbunden. So entstehen mit Social Media Kontaktmöglichkeiten mit Interessenten oder bestehenden Kunden, die sowohl dem Anbieten Nutzen stiftender Dienstleistungen als auch zur Sammlung von Informationen über deren Handlungen, Einstellungen und Gewohnheiten („Was will der Kunde bzw. der Markt?") dienen können. Wie positionieren sich Unternehmen in diesem Spannungsfeld?

Sicherlich ist es mit Blick auf die mit dem Internet aufwachsende bzw. aufgewachsene Generation für Unternehmen keine Alternative, sich Social Media vollständig zu verschließen. Dies würde zwar die Vermeidung von Risiken bedeuten, die mit der Analyse, Sammlung und Weiterverwendung von Daten über Social Media-Anwender verbunden sind. Allerdings blieben dadurch aber Chancen zum Aufbau und zur Pflege von unternehmens- bzw. markenaffinen Zielgruppen ungenutzt. Hier bilden Social Media einen weiteren Kanal für das betriebliche Kundenbeziehungsmanagement (Customer Relationship Management, CRM), das von Marketing- über Verkaufs- hin zu Kundendienst- bzw. Service-Aktivitäten reicht. Wenn Unternehmen mehrere hundert oder tausend Nutzer als „Freunde", „Follower" oder „Fans" gewinnen können, so etablieren sie damit eine affine

Zielgruppe bzw. „Community", die eine wertvolle Ressource bzw. Basis für das betriebliche CRM darstellen kann.

Für Unternehmen bedeutet der Einsatz von Social Media aber, dass sie diese in ihre betrieblichen Abläufe einbinden müssen. Das vorliegende Buch stellt dazu das seit einigen Jahren zu beobachtende Phänomen des „Social CRM" praxisorientiert vor und ergänzt damit die zugrundeliegende wissenschaftliche Arbeit (Reinhold 2017). Neben kompakten Grundlagen zur Klärung der wichtigsten Begrifflichkeiten und „Ingredienzen" sind Fallbeispiele aus der Unternehmenspraxis – viermal aus Sicht von Social CRM-Anwendern und dreimal aus Sicht von Social CRM-Werkzeuganbietern – sowie eine Zusammenfassung der wichtigsten Gestaltungsbereiche enthalten. Wir möchten an dieser Stelle allen beteiligten, in Tab. 1 aufgeführten, Ansprechpartnern herzlich für die jeweils ermöglichten Interviews, die bereitgestellten Systembeschreibungen sowie die durchgeführten Überarbeitungen der Fallstudien danken.

Zudem sind die Inhalte des Buches auch im Rahmen von Kooperationsprojekten entstanden, die ohne die Förderung durch das Bundesministerium für Bildung und Forschung (BmBF) sowie die Sächsische Aufbaubank (SAB) nicht möglich gewesen wären. Zu nennen sind hier die BmBF-Projekte Social CRM-Intelligence und SPHERE sowie das SAB-Projekt Social Content Quality Management (SCQM). Ein zweiter Dank geht daher an diese Unterstützer. Im Zuge dieser Projekte sind zahlreiche Ergebnisse und Kontakte entstanden, die an der Universität Leipzig zur Gründung des Social CRM Research Center (SCRC) geführt haben. Es dient als unabhängige Plattform für den Erfahrungstransfer aus Projekten mit der Unternehmenspraxis und der gemeinsamen Realisierung von Lösungen im Bereich des Social CRM. Schließlich möchten wir den bei der Finalisierung

Tab. 1 Ansprechpartner der Fallstudien-Unternehmen

Unternehmen	Ansprechpartner	Unternehmen	Ansprechpartner
Cyberport GmbH	Anne Raulf	Falcon.io ApS	Jesus Requena
Dell Inc.	Martin Zábojník, Janine Wegner	Infoman AG (Microsoft-Partner)	Jens Grambau, Andreas Klein
sprd.net AG	Andreas Milles, Dave Gorman, Eike Adler	Viralheat, Inc.	Tobias Kemper, Suruchi Sharma
Deutsche Telekom AG	Oliver Stalp, Martin Greger, Oliver Nissen		

dieses Buches beteiligten Mitarbeitern, ebenfalls unseren Dank aussprechen. So haben Laura Hofmann beim Korrekturlesen, Ingolf Römer im Teil Datenschutz, Christoph Stempin im Teil Datenqualität und Matthias Wittwer im Teil Datenerschließung mitgewirkt. Harry Cruz, Nico Pohlenz, Florian Nitze und Christoph Stempin haben die Aufbereitung der Fallstudieninterviews während der Forschungsarbeit unterstützt.

Wir hoffen mit diesem Buch zur Nutzung von Social Media in der Unternehmenspraxis beizutragen. Selbstverständlich besteht die Möglichkeit sich mit dem SCRC über seine Facebook-Präsenz (SCRCLEIPZIG) zu verbinden und Feedback zum Buch mitzuteilen.

Leipzig   Rainer Alt
im August 2016   Olaf Reinhold

Inhaltsverzeichnis

Abkürzungsverzeichnis

AGB   Allgemeine Geschäftsbedingungen
API   Application Programming Interface
AS   Anwendungssystem
B2B   Business-to-Business
B2C   Business-to-Customer
BDSG   Bundesdatenschutzgesetz
BI   Business Intelligence
C2C   Customer-to-Customer
CMS   Content Management-System
CRM   Customer Relationship Management
DT   Deutsche Telekom
ERP   Enterprise Resource Planning
FAQ   Frequently Asked Questions
i. d. R. In der Regel
IS   Informationssystem
IT   Informationstechnologie
KPI   Key Performance Indicator
POS   Point of Sale
REST   Representational State Transfer
SaaS   Software-as-a-Service
SMM   Social Media Monitoring
SNA   Social Network-Analyse
TCP/IP   Transmission Control Protocol/Internet Protocol
TMG   Telemediengesetz
UGC   User Generated Content
WWW   World Wide Web

Abbildungsverzeichnis

Tabellenverzeichnis

Einleitung 1

Social CRM beschreibt die Einsatzmöglichkeiten von sozialen Medien bzw. Social Media für das betriebliche Kundenbeziehungsmanagement bzw. das Customer Relationship Management (CRM). Während Social Media im privaten Umfeld ein eindrucksvolles Wachstum erfahren haben, erkennen Unternehmen erst zunehmend die damit verbundenen Möglichkeiten zur Kundeninteraktion. So bedeutet eine große Anzahl an Mitgliedern bzw. „Followern", „Freunden" oder „Fans" ein Potenzial für das CRM, da es sich hierbei meist um eine interessierte bzw. unternehmensaffine Zielgruppe handelt. Mittlerweile haben sich zahlreiche Nutzungsmöglichkeiten des Social CRM herausgebildet, welche das vorliegende Buch anhand mehrerer Fallbeispiele aufzeigt.

Zunächst führt es mit einem kurzen Überblick in die wichtigsten konzeptionellen und terminologischen Grundlagen des Social CRM ein. Danach lässt sich Social CRM als die Nutzung von Social Media-Technologien im Kundenkontakt begreifen, die alle betrieblichen Aufgabenbereiche mit Kundenkontakt, also Marketing, Verkauf und Kundendienst bzw. (Service) Service betrifft. Indem Social Media einen zusätzlichen kundenseitigen Interaktionskanal schaffen, erweitern sie das CRM sowohl aus fachlicher als auch aus Sicht der informationstechnologischen Unterstützung (IT). Obgleich zahlreiche Unternehmen in den vergangenen Jahren Erfahrungen mit Social CRM gesammelt haben, sind das Vorgehen sowie die dabei eingesetzten Methoden und Informationssysteme häufig noch experimenteller Natur und unterscheiden sich deutlich von den strukturierten Ansätzen der integrierten betrieblichen Informationsverarbeitung, wie sie mit Enterprise Systemen bzw. Enterprise-Resource-Planning-Systemen (ERP) oder CRM-Systemen existieren.

Die Fallstudien des Buches zeigen Einsatzmöglichkeiten des Social CRM auf und geben Hinweise auf die eingesetzten IT-Werkzeuge. Zusätzlich sind drei dieser Werkzeuge in Kurzbeschreibungen sowie die wichtigsten IT-basierten

© Springer-Verlag GmbH Deutschland 2016   1
R. Alt und O. Reinhold, *Social Customer Relationship Management*,
DOI 10.1007/978-3-662-52790-0_1

Funktionalitäten des Social CRM dargestellt. Als künftige Gestaltungsfelder formuliert das Buch schließlich das Konzept des integrierten CRM, das mehrere Anwendungsfelder sowie Fragen des Datenschutzes und der Datengewinnung umfasst.

1.1   Social Web als dritte Internet-Phase

Social CRM charakterisiert die Nutzung von sozialen Medien durch Unternehmen zur Interaktion mit deren Kunden bzw. Interessenten. Anfänglich als Web 2.0-Technologien bezeichnet, gelten diese „Social Media" bereits als dritte Stufe in der Entwicklung des Internets. Die erste bildete seit 1962 die Nutzung des Internets und der damit verbundenen Transporttechnologien, etwa TCP/IP, zur ausfallsicheren weltweiten elektronischen Nachrichtenübermittlung. Eine wichtige Erweiterung war ab 1989 mit dem World Wide Web (WWW) gegeben, um über verlinkte Hypertext-Seiten Daten vereinfacht publizieren und organisieren zu können. Das WWW bildete gleichzeitig die Grundlage für den elektronischen Handel (Electronic Commerce), der zunächst über Unternehmenswebseiten und später über elektronische Intermediäre, wie etwa Amazon oder Ebay, erfolgte. Während dieser zweiten Phase hat eine starke Verbreitung von Internet-Präsenzen und elektronischen Transaktionen stattgefunden, wie die Anzahl von an das Internet angeschlossenen Servern und die Entwicklung von E-Commerce-Umsätzen illustriert (s. Abb. 1.1). Auf knapp über eine Milliarde Internet-Hosts (Statista 2016c) kommen heute geschätzt drei Mrd. Internet-Nutzer weltweit (Statista 2016a). In Deutschland gab es 2010 etwa 22 Mio. Hosts und im Jahr 2015 etwa

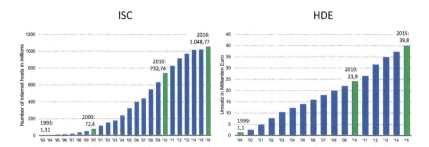

Abb. 1.1 Anzahl weltweiter Internet-Hosts (ISC 2016) und E-Commerce Umsätze in Deutschland (HDE 2016)

56,1 Mio. regelmäßige Internetnutzer (Statista 2015a). In 2013 hatten 79 % der Haushalte in den EU-Ländern Zugang zum Internet, was eine Steigerung um 43 % gegenüber dem Jahr 2007 bedeutete (Seybert und Reinecke 2013). Parallel zur Verbreitung des WWW und des elektronischen Handels (E-Commerce) ist ab 2001 die dritte Phase zu beobachten, welche das Aufkommen der sozialen Medien unter der Bezeichnung des Web 2.0 sowie das Entstehen mobiler Endgeräte und Lösungen mit der damit verbundenen ortsungebundenen Zugriffsmöglichkeit auf das Internet bezeichnet.

In allen drei Phasen haben wichtige technologische Innovationen und Unternehmensgründungen stattgefunden (z. B. Amazon, Google, Ebay). Die dritte Phase prägen soziale Netzwerke (s. Tab. 1.1), die das **Social Web** bilden. Dieses umfasst die Gesamtheit aller Akteure (Anbieter und Nutzer von Inhalten, Diensten, Plattformen und Technologien, Datenschutzorganisationen etc.) und deren Interaktion mittels digitaler Inhalte, während **Social Media** (oder enger gefasst Social Software) die Eigenschaften und Funktionalitäten der Dienste und Lösungen zur sozialen Interaktion bezeichnen (s. Ebersbach et al. 2010, S. 32 ff.). Verglichen mit den ersten beiden Verbreitungsphasen des Internets weist die Entwicklung des Social Web eine deutlich höhere Dynamik und Verbreitungsgeschwindigkeit auf. Alleine seit 2010 hat sich die Anzahl der Nutzer sozialer Netzwerke weltweit von 0,97 Mrd. auf geschätzt 2,14 Mrd. Statista (2016b) fast verdoppelt, wobei die Prognose von 2,67 Mrd. Nutzern in 2018 auf einen Rückgang der Wachstumsrate und eine Sättigung hindeutet (Statista 2016b).

Tab. 1.1 Ansprechpartner der Fallstudien-Unternehmen

Social Media-Kategorie	Beispiele von Social Media-Plattformen (mit Gründungsjahr)
Blogging	Tumblr (2007), myblog.de (2002)
Kontakte	LinkedIn (2003), Xing (2003)
Networking	Facebook (2004), Twitter (2006), Google+ (2011)
Sharing-Plattformen	1. Bilder: Flickr (2004), Pinterest (2011), Instagram (2010)
	2. Dokumente: Slideshare (2006)
	3. Videos: Youtube (2005), Vimeo (2004)
Standorte	Foursquare (2009)

1.2   Besonderheiten des Social Web

Grundlage von Social Media sind die seit 2004 bekannten Web 2.0-Technologien. Diese erlauben die einfache Erstellung und Verbreitung von Inhalten im Internet als sog. „User Generated Content" (UGC) und deren Wiederverwendung durch andere Nutzer und Dienste. Basistechnologien des Web 2.0 wie etwa Ajax, RSS oder Mikroformate. Social Media entstand in der Folge als Sammelbegriff für elektronische Werkzeuge und Plattformen zur Erstellung, Nutzung und Verteilung von UGC. Während sog. Web 1.0-Technologien wie HTTP, TCP/IP und HTML auf die Veröffentlichung und Verlinkung elektronischer Inhalte im Internet konzentrierten, brachte das Web 2.0 vor allem die Möglichkeit zur direkten Interaktion zwischen Nutzern. Dem grundlegenden Prinzip folgend (s. Abb. 1.2) können Nutzer Inhalte nicht nur lesen, sondern diese auch veröffentlichen, weiterleiten und kommentieren bzw. bewerten. Abhängig von der Social Media-Plattform geschieht dies zwischen Nutzern, die sich zuvor verbunden bzw. „befreundet" haben („Fans", „Follower"), sich damit jeweils einen persönlichen Nutzerkreis („Personal Community") aufbauen und mit diesen sowie mit allen Teilnehmern der Plattform interagieren können („Public Community").

Eine Besonderheit von Social Media als Interaktionskanal liegt in der Zeit- und Ortsunabhängigkeit. Über die häufig verwendeten mobilen Endgeräte besteht eine hohe Interaktivität zum direkten Kommunizieren, zum einfachen Vernetzen und Teilen, zur kooperativen Erstellung von Inhalten sowie zur transparenten Abbildung von Kommunikationsströmen und Beziehungen zwischen den Akteuren. Die in Social Media generierten Inhaltsformen bzw. Datenelemente können dabei Repräsentationsformen aufweisen, die von Text über Bilder und Videos hin

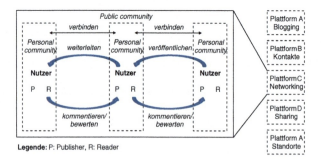

Abb. 1.2 Prinzipien des Social Web

zu strukturierten Inhalten in Form von Nutzerprofilen und Nutzungsdaten wie etwa den bekannten „Likes" reichen (s. Tab. 1.2).

Mit der Nutzung sozialer Medien hat die Menge darin erzeugter Inhalte zugenommen. So haben allein im Jahr 2010 die Facebook-Nutzer pro Stunde etwa 30 Mio. Einträge kommentiert und rund 5,5 Mio. Statusmeldungen abgegeben (RP Online 2011). Bei Twitter haben sich die 50 Mio. täglichen Kurznachrichten („Tweets") in 2010 auf rund 340 Mio. in 2012 erhöht (Burson-Marsteller 2012). Ein weiteres Wachstum bewirkt die Ausdifferenzierung von sozialen Medien. Neben textuellen Medien erfahren auch sogenannte Media Sharing-Plattformen wie YouTube ein Wachstum: die zwei Mrd. dort täglich angeklickten Videos (2010) haben sich innerhalb der zwei folgenden Jahre verdoppelt. Seit 2010 stellen Nutzer dieser Plattform zusammengenommen mehr Stunden Videomaterial bereit, als sie in 24 h ansehen können. In 2012 waren dies im Durchschnitt 72 h Videomaterial täglich und allein bei YouTube sehen Nutzer zusammengenommen rund 6 Mrd. h Videos monatlich (vgl. CNET 2013). Auch Facebook verarbeitet täglich 2,5 Mrd. Inhalte, 2,7 Mrd. Likes und 300 Mio. Fotos, sodass sich bereits in 2012 ein geschätztes tägliches Datenvolumen von mehr als 500 TB ergibt (Budde 2012).

Obgleich die hohen Nutzerzahlen von Social Media und die hohe Verbreitung mobiler Technologien (z. B. Smartphone, Tablet) auf künftig verringerte Wachstumsraten hindeuten, dürfte insbesondere mit neuen elektronischen Dienstleistungen (z. B. Gesundheit, Mobilität), die auf orts- und situationsbezogenen Daten aufsetzen, das Datenvolumen weiter zunehmen. Aufgrund der Heterogenität der Dateninhalte (s. Tab. 1.2) lässt sich vor diesem Hintergrund auch von „Social Big Data" sprechen. Social Media bilden daher eine wichtige Quelle der global bis 2020 zu erwartenden Datenmenge (s. Abb. 1.3). Die Datendimensionen weisen darauf hin, dass eine manuelle Auswertung dieses Datenvolumens nicht mehr möglich ist. Dies verhindern nicht nur die Datenmenge selbst („Volume"), sondern auch die hohe Geschwindigkeit der entstehenden Daten („Velocity"), die starke Heterogenität der mehrheitlich in unstrukturierter Form vorliegenden Daten („Variety") und teilweise die beträchtliche Unsicherheit bezüglich der Glaubwürdigkeit der Inhalte („Veracity") (vgl. Zikipoulos et al. 2013).

Zur maschinellen bzw. automatisierten Extraktion von Inhalten im Social Web bieten die Social Media-Plattformen Export- bzw. Programmierschnittstellen (API) an, die wichtige Daten ohne manuellen Aufwand zur Weiterverarbeitung liefern. Tab. 1.3 zeigt, dass einige der über die Schnittstellen von Facebook und Twitter exportierbaren Daten (z. B. Name, Über-Mich Beschreibung, Inhalte) für das CRM relevant sein können, wenngleich nicht alle Datenfelder immer gefüllt sind. Diese Schnittstellen nutzt die REST-Technologie, die mittels weniger Befehle

Tab. 1.2 Inhalte für das Social CRM

Social Media Content	Beschreibung
1. Inhalte	
Webforen/Soziale Netzwerke	Von Autoren erstellte Inhalte (Text, Bilder etc.), die eine laufende und von einer Community gelesene Diskussion in Webforen abbilden. Sie sind typischerweise hierarchisch organisiert und beziehen sich auf andere Einträge. Gegenüber Blogs stammen Postings in Foren oder sozialen Netzwerken von mehreren Autoren
Blog/Webblog	Themenbezogene Einträge auf einer Webseite mit fortlaufend geführten Inhalten im Sinne eines Tagebuchs oder Journals. Meist sind Blogs von einem Autor (Ich-Perspektive) oder einem Unternehmen (Corporate Blog) verfasst
Microblog	Postings mit Längen- bzw. Zeichenbegrenzung (z. B. 140 Zeichen bei Twitter, sog. Tweets) zur schnellen Interaktion. Gegenüber Postings in Foren oder Blogs sind in Microblogs intensiv Abkürzungen (z. B. by-the-way BTW), Emoticons (z. B. Smileys) und Referenzen (z. B. Hashtags, ShortURLs) anzutreffen
Feeds/Podcasts	Inhalte einer Webseite, die in einem standardisierten Format (z. B. Really Simple Syndication, RSS) aufbereitet und in Form sog. Feeds (z. B. Nachrichtenticker) weitergeleitet werden. Nutzer registrieren sich bei der RSS-Funktion einer Webseite, worauf deren Client regelmäßig den Server der Webseite auf Änderungen prüft
2. Meta-Informationen	
Meta-Informationen Inhalte (Postings)	Neben den eigentlichen Inhalten eines Postings (Text, Bilder, Videos) enthält jedes Posting Meta-Informationen, wie etwa Message-ID, Subject, Newsgroup, Absender, Bezug zu anderen Postings
Meta-Informationen Nutzer (Profile)	Jeder Social Media-Nutzer verfügt über ein Profil, das seinen realen Namen (sog. Klarnamen) oder eine andere Identität bzw. Nutzernamen (Pseudonym) sowie einige demografische Daten und Angaben zur Nutzung des Accounts (Mitglied-/Freundschaften, Abos, Likes etc.) umfasst
3. Weiteres	
Intentionen	Nutzer können Postings im Social Web mit einem „gefällt mir" (z. B. like, +1), anhand der Nützlichkeit (z. B. 3 von 5 Sternen) oder teilweise auch einem „gefällt mir nicht" (z. B. dislike, Beitrag melden) bewerten. Diese Intentionen lassen sich separat verfolgen und auswerten
Links	Zwischen Profilen und Postings lassen sich Beziehungen herstellen, z. B. Freundschaften zwischen Profilen oder Referenzen zwischen Postings

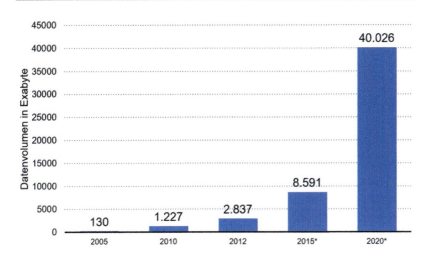

Abb. 1.3 Entwicklung von Datenvolumen (links, Stand und Prognose der IDC zum Volumen der jährlich weltweit generierten digitalen Datenmenge) und Datendimensionen die sich bereits 2012 ergaben (Statista 2012)

Tab. 1.3 Exportierbare Inhalte über Programmierschnittstellen (API)

Social Media-Plattform	Exportierbare Daten (Auszug)
Facebook	Facebook-ID, Name, Profillink, Wohnort, Über-Mich-Beschreibung, Arbeit, Besuchte Schulen (inkl. Name, Abschlussjahr und Schulprofil), Geschlecht, Zeitzone, Sprache, Stand der Daten, Freunde, Pinnwandeinträge, Stream, Bilder, Videos, Notizen, Likes, Veranstaltungen
Twitter	Nutzer-ID, Inhalte (Tweets, Timeline, Hashtags, private Nachrichten), Anzahl Tweets/Re-Tweets, Beziehung zwischen Nutzern (Follower, Following, Geblockt, Ignoriert), Follower, Mentions zu Nutzer-ID, Trends (je Ort/Land, nahe eines Ortes/ Landes)

(z. B. Get, Post, Put, Delete) die maschinelle Extraktion von immer im gleichen Format vorliegenden Informationen aus Webseiten bzw. Social Media-Plattformen erlaubt. Spezialisierte Software-Tools sind zur Auswertung dieser Inhalte entstanden (s. Kap. 3). Weitere Möglichkeiten zur automatisierten Extraktion bieten RSS-Feeds (s. Tab. 1.2) sowie der Einsatz sog. Crawler, die im Funktionsumfang einiger Social Media Monitoring-Werkzeuge enthalten sind. Letztere durchsuchen insbesondere frei verfügbare Social Media-Inhalte und speichern diese automatisch in einem eigenen Datenbestand für weitere Analysezwecke ab.

1.3 Social CRM – Begriffliche Einordnung

Aus betrieblicher Sicht liefern Social Media zahlreiche wertvolle Anknüpfungspunkte. Zunächst bildet das Social Web infolge seiner hohen Nutzerzahlen für Unternehmen ein Potenzial, da auf einfachem und kostengünstigem Wege eine direkte Interaktion mit zahlreichen Interessenten und Kunden möglich ist. Damit ergänzt es bestehende Kanäle, wie Callcenter oder Filialen, die Betroffene aktiv aufsuchen müssen, ebenso wie passiv genutzte Kanäle, wie TV oder Zeitungen. Aufgrund der spezifischen Eigenschaften von Social Media verbindet dieser Kanal Charakteristika aus beiden Bereichen. Insbesondere lassen sich Social Media dabei als Instrumente zur Realisierung nutzerzentrierter Prozesse verstehen mit vier spezifischen Eigenschaften:

- *Themenbezogene Community:* Interaktion in sozialen Medien ist häufig themenbezogen und findet „partizipativ" auch direkt zwischen den Nutzern statt. Soziale Plattformen bieten einen Zugang zu Gruppen ähnlich interessierter Nutzer und Kommunikation lässt sich gezielt auf die „Audience" bzw. Zuhörerschaft ausrichten.
- *Bidirektionale Interaktion:* Es besteht die Möglichkeit, den gleichen Kanal zur Kontaktaufnahme aus Kunden- als auch aus Unternehmenssicht zu verwenden. Gegenüber dem asynchronen E-Mail weisen soziale Medien auch Eigenschaften der synchronen Kommunikation (z. B. Chats) auf.
- *Individualisierte Ansprache:* Anstatt eines „One to many"-Marketings, das standardisierte Inhalte vielen Empfängern zukommen lässt, ist das Social Web ein Schritt in Richtung eines „One to one"-Marketing. Empfänger erhalten individualisierte Angebote und Nachrichten, die verstärkt Emotionen und Nähe vermitteln können.
- *Digitalisierte Kommunikation:* Gegenüber den traditionellen (Massen)Medien erlaubt das Social Web nicht nur die bidirektionale Interaktion in Echtzeit mit (End)Kunden, wenngleich diese häufig in den sozialen Medien nicht ihren realen Namen bzw. Identitätsmerkmale verwenden. Zudem sind ausgetauschte Informationen persistent und stehen anderen Nutzern zur Verfügung bzw. diese können sie weiterverwenden.

Das Potenzial zur vergleichsweise einfachen Einrichtung einer Präsenz im Social Web haben zahlreiche Unternehmen in den vergangenen Jahren erkannt. Während sich Endkunden eher auf den Konsum von Inhalten und die Kommunikation konzentrierten, standen abhängig von der Ausrichtung der Social Media-Plattform

Tab. 1.4 Unternehmen mit den meisten Facebook-Fans weltweit im Januar 2015 (Statista 2015b)

Unternehmen	Fans (Mio.)	Unternehmen	Fans (Mio.)	Unternehmen	Fans (Mio.)
Coca-Cola	92,65	Oreo	38,59	Skype	32,61
YouTube	86,11	Nike Football	38,45	Windows Live	32,61
Red Bull	45,80	Starbucks Coffee	38,05	Nutella	29,89
Converse	40,89	Pepsi	34,35	Pringles	27,70
Playstation	39,22	iTunes	33,04	Angry Birds	27,53

bei Unternehmen die Eigenpräsentation, das Micro-Blogging, die Erstellung eigener Blogs sowie die Bereitstellung von Videos im Vordergrund (vgl. Parker und Thomas 2012). Wie aus Tab. 1.4 ersichtlich, konnten gerade große Unternehmen bzw. deren Marken Communities von mehreren Millionen Nutzern („Fans", „Freunde", „Follower") erzielen. Auch als „Fans" bezeichnet, gibt die entsprechende Anzahl an, wie viele Personen durch einen Klick auf „Gefällt mir" ihre Verbundenheit mit dem Unternehmen oder der Marke zum Ausdruck bringen und gleichzeitig ihr Interesse an Nachrichten dieser Seite über die Facebook-Plattform signalisieren. Viele Unternehmen sehen darin ein Potenzial zur Reduktion der Neukundengewinnungskosten, die sich beispielsweise bei Mailing-Kontakten auf durchschnittlich € 75 belaufen, sowie zur gleichzeitigen Erhöhung des Wissens über die Kunden (Baumbach 2002, S. 628).

Voraussetzung zur Erschließung der Potenziale des Social Web ist dessen Verbindung mit den betrieblichen Prozessen bzw. deren Ausrichtung auf die Charakteristika des Social Web. Das CRM mit seinen Kernbereichen Marketing, Verkauf und (Kunden)Service bildet hier den Anknüpfungspunkt. Allerdings sind Philosophie, Strategien, Prozesse und Systeme des klassischen CRM unternehmenszentriert und naturgemäß wenig auf die Interaktionsmuster des Social Web ausgerichtet, da ihre Entwicklung i. d. R. auf die Phase vor dem Entstehen des Social Web zurückgeht. Dennoch sind mit der dritten Phase und insbesondere seit 2012 Social CRM-Lösungen bei vielen Unternehmen entstanden. So dient es im Bereich des Produktmanagements zur Identifikation von Produktinnovationen oder im Kundenservice der direkten Ansprache von Support-Mitarbeitern. Zudem lassen sich durch den direkten Kundenkontakt unmittelbare Stimmungsbilder – vom Image eines Unternehmens bis hin zu seinen Produkten oder Dienstleistungen – ebenso einfangen wie häufig diskutierte Themen im Zusammenhang mit einem Produkt oder die Aktivität der einzelnen Nutzer. Social CRM ermöglicht dadurch ein Verständnis über den Markt und die Zielgruppen, wie es bisher nur über aufwendige Marktforschung möglich war, wobei die Möglichkeit der direkten Interaktion mit den Nutzern hinzukommt.

Social CRM charakterisiert seit etwa 2007 die Nutzung von Social Media im Kundenkontakt und die damit verbundenen Maßnahmen, die sich mit der Planung, Durchführung und Kontrolle des Kundenbeziehungsmanagements (CRM) befassen. Gegenüber weiteren Begriffen wie Social Networking oder Social Media Management grenzt sich Social CRM durch den Einsatz des Social Web für Zwecke des CRM ab. Es baut auf dem CRM auf, das als kundenorientiertes Konzept den Aufbau und Erhalt von längerfristig profitablen Kundenbeziehungen anstrebt. Es folgt dazu einem Kundenlebenszyklus, wonach Werbeinstrumente das Interesse bei potenziellen Kunden hervorrufen, und diese in Käufer mit einer möglichst hohen Wiederholkauftätigkeit überführen sollen (s. Abb. 1.4). Dazu unterscheidet das CRM die Begriffe des nicht-qualifizierten Interessenten (Kontakt bzw. „Lead"), des mit einer Verkaufschance qualifizierten Interessenten (Gelegenheit bzw. „Opportunity") und des (Bestands)Kunden („Account"). Nach den unterstützten betrieblichen Prozessen lassen sich drei **CRM-Kernbereiche** unterscheiden (vgl. Gronover et al. 2003, S. 267 ff):

- *Marketing:* Entgegen einem breiten, den gesamten Kundenlebenszyklus abdeckenden Begriffsverständnis fokussiert der nachfolgend verwendete enge Marketingbegriff auf die Aufgaben zur Vermarktung von Produkten und Dienstleistungen, insbesondere das Kampagnen- (Maßnahmen zur Zielgruppenansprache) und das Leadmanagement (Maßnahmen zur Bearbeitung von Erstkontakten).

Abb. 1.4 Aktivitäten des CRM entlang des Kundenlebenszyklus

- *Verkauf:* Häufig beginnt mit der Unterbreitung eines Angebots die Verkaufsphase, die zudem die Abwicklung der Kauftransaktion umfasst. Das Angebotsmanagement enthält die Verhandlungs- und Vereinbarungsaktivitäten über einen oder mehrere Interaktionskanäle und endet mit dem Abschluss eines (Kauf) Vertrages. Es schließt sich die Zustellung und Bezahlung an. Im Falle des elektronischen Verkaufs ist die Verkaufsphase eng mit dem Begriff des „E-Commerce" verbunden.
- *Service:* Mit der Lieferung und Nutzung des Produkts bzw. der Dienstleistung entsteht in der Nachkauf-Phase („After Sales") Interaktionsbedarf mit dem Kunden im Falle von Beschwerden (Beschwerdemanagement), bei Fragen der Wartung oder bei Defekten (Servicemanagement) sowie bei allgemeinen Rückmeldungen bzw. „Feedback" zum Unternehmen bzw. seinen Produkten und Dienstleistungen (Feedbackmanagement).

Über diese Kernbereiche hinweg sind übergreifende Maßnahmen zu erkennen, die Berührungspunkte zu mehreren CRM-Kernbereichen aufweisen. Sie reichen vom Management von Kundengruppen (bzw. der „Kundencommunities"), über die Pflege und Entwicklung der Marke (Markenmanagement), dem Ableiten von Informationen zur Produktgestaltung im Innovationsmanagement bis hin zur Gewinnung von Informationen für Zwecke der Marktforschung.

CRM-Ansätze sehen zur Unterstützung der Lebenszyklusphasen vier Aufgabenbereiche vor (Schubert 2009):

- *Operatives CRM:* Für die (Teil-)Automatisierung von Routineaufgaben (z. B. Außendienstberichte, Callcenter-Abläufe, Kampagnenverwaltung) bestehen in den drei CRM-Kernbereichen häufig strukturierte systemgestützte Abläufe („Workflows"), z. B. Vorgaben für Gesprächsverläufe im Callcenter oder Ticketing-Systeme[1] für Beschwerden und Serviceanfragen. Social Media erschließen hier einen weiteren Kanal für Kampagnen, Supportanfragen etc.
- *Analytisches CRM:* Als zentrales Element zum Aufbau von Kundenwissen liefert das analytische CRM Auswertungen zu Kaufverhalten und Kundenprofitabilität, um dadurch gezielte Maßnahmen (z. B. Kundensprache, Angebotserstellung, Kampagnendurchführung) durchzuführen. Social Media unterstützen das analytische CRM mit Techniken zur Erschließung, Transformation und Überwachung bzw. Monitoring von Social Media-Inhalten.

---

[1]Ein Ticketing-System legt für jede Nutzeranfrage einen Fall („Ticket") an, dessen Bearbeitung ein Workflow bis zum Abschluss sicherstellt.

- *Kommunikatives CRM:* Aus Sicht der Kundenkommunikation bildet das Social Web einen zusätzlichen Interaktionskanal, der im Sinne einer hybriden Kundeninteraktion mit weiteren Kanälen abgestimmt ist. Social Media erweitern bestehende Kanäle um die in Abschn. 1.2 skizzierten Qualitäten, wobei auch die Kanalwechselpunkte und -prozesse zu beachten sind.
- *Kooperatives CRM:* Für die Zusammenarbeit von Kunden, Mitarbeitern und weiteren Partnern zur Erarbeitung kundenorientierter Lösungen können Social Media Instrumente für die gemeinschaftliche Erstellung und Entwicklung von Inhalten bereitstellen.

1.4 Aufgabenbereiche des Social CRM

Das Social CRM lässt sich nach vier Akteuren und fünf Aufgabenbereichen einteilen. Seitens der Akteure sind dies der Nutzer bzw. der Kunde, der im Social Web eine Social Media-Plattform eines oder mehrerer Betreiber nutzt. Auf diesen Plattformen realisieren Unternehmen, teilweise durch Unterstützung von Dienstleistern, verschiedene Formen der Präsenz, die den Ort der Interaktion mit den Kunden darstellen. Hier knüpfen die fünf Aufgabenbereiche der Social Media Präsenz, Analyse, Interaktion, CRM und Management/Integration an (Reinhold und Alt 2012), die Abb. 1.5 im Überblick und Tab. 1.5 mit einer kurzen Beschreibung und den jeweiligen Zielen zeigt.

Die erste Aufgabe bildet das Herstellen einer Präsenz des Unternehmens in **Social Media** und das Festlegen der grundsätzlichen Interaktionsmöglichkeiten mit den Nutzern. Die Social Media-Plattform liefert dabei die Basis zur n:m-

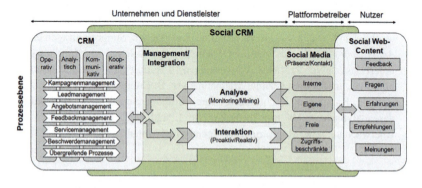

Abb. 1.5 Einordnung des Social CRM (in Anlehnung an Alt/Reinhold 2012b, S. 512)

Tab. 1.5 Aufgabenbereiche und Ziele des Social CRM (Alt/Reinhold 2012a, S. 284)

Aufgabenbereiche	Beschreibung und Ziele
1. Social Media	Social Media-Dienste wie Foren, Wikis und Communities zur Informationsverteilung und gemeinsamen Informationserstellung
	Ziel: Aufbau einer Präsenz im Social Web, Vernetzung mit Interessenten/Konsumenten/Kunden
2. Analyse	Datenerschließung aus Social Media und Aufbereitung mittels Analysetechniken für Monitoring und Mining, z. B. Bewertung, Filterung, Suche, Aggregation, Anreicherung, Transformation oder die Erstellung von Geschäftsobjekten (z. B. Leads, Servicetickets)
	Ziel: Identifikation relevanter Inhalte, Akteure und Dienste im Social Web, Darstellung von Wirkzusammenhängen im Social Web und Interpretation von Inhalten aus Social Media
3. Interaktion	Interaktionstechniken wie Inhaltsbereitstellung, Dialogaufbau, Veröffentlichung, Weiterleitung, Empfehlung, Alarm oder Benachrichtigung
	Ziel: Externe Kommunikation und Unterstützung der Dialogdurchführung im Social Web, proaktive und reaktive Kommunikation mit Social Media-Nutzern
4. Kundenbeziehungsmanagement (CRM)	Verbindung zu CRM-Funktionen wie Lead-, Kontakt-, Kampagnen- oder Servicemanagement
	Ziel: Funktionalitäten zur CRM-Prozessplanung, -durchführung und -kontrolle, Nutzung von Social Media-Informationen (z. B. Kontaktdaten, Postings) in CRM-Aktivitäten (z. B. Analyse, Kampagnen)
5. Management/Integration	Management- und Integrationsfunktionen wie Moderationsfunktionen, Prozessmanagement, Reputationsmanagement, Dateninteration, Auswertungen oder Datenschutzmanagement
	Ziel: Strategische und operative Steuerung der Social Media-Kanäle und -Aktivitäten, Integration zwischen Systemen und Sicherstellung der Reaktionsfähigkeit eines Unternehmens im Social Web

Interaktion von Nutzern (z. B. Mitarbeiter, Kunden, Partner, Händler, Fans, Förderer) und zur Erfassung textueller Inhalte wie etwa Meinungen, Erfahrungen und Anfragen – den „Rohdaten" für das Social CRM. Aus Unternehmenssicht kann es sich bei diesen Plattformen sowohl um selbst betriebene (z. B. in Form eines Forums auf der Webseite) oder um externe Dienste (z. B. mit oder ohne Authentifizierung bzw. Zugriffsbeschränkung) handeln. Mit Letzteren können Unternehmen bei geringem Investitions- und Einrichtungsaufwand einen direkten Kontakt mit bisher unbekannten Interessenten und/oder bestehenden Kunden herstellen. Obgleich sich bereits durch manuelles Überwachen der Social Media-Plattformen Informationen über Nutzerstimmung, -verhalten und -reaktionen ableiten lassen, erschließt erst die Verwendung der elektronischen Schnittstellen (API) die Potenziale des Social CRM.

Den zweiten Aufgabenbereich bildet die Generierung von Wissen aus den Social Media. Hier setzen Funktionen zur **Analyse** an, die möglichst automatisiert die unternehmensrelevanten Daten aus dem großen Datenvolumen des Social Web identifizieren und extrahieren. Von Interesse sind insbesondere Auswertungen zu diskutierten Themen, die Stimmung der Äußerungen, die Intensität bestimmter Themen, die Vernetzung zwischen Nutzern und die Aktivitäten von Nutzern. Anhand von Stichwörtern bzw. eines vorgegebenen Vokabulars (z. B. Kunden-, Produkt-, Unternehmensnamen) identifizieren Monitoring-Funktionalitäten Postings für die Weiterverwendung im CRM (s. Abschn. 4.3). Gezieltere automatisierte Auswertungen im Sine eines „Minings" sind z. B. Inhalts- und Stimmungs- bzw. Sentimentanalysen, die in Verbindung mit einem in Ontologien[2] formulierten Domänenwissen eine erste inhaltliche Bewertung anstreben. Die notwendigen Kenntnisse in den Gebieten der Textanalyse, der künstlichen Intelligenz oder der Wissensmodellierung erhöhen den Umsetzungsaufwand jedoch deutlich. Bestandteil der Generierung von Kundenwissen ist außerdem die Bereitstellung von Daten für weitere Geschäftsprozesse. So bietet das Social CRM beispielsweise Rohdaten zur Anreicherung eigener Angebote (z. B. Verknüpfung von Angebotsdaten mit Kaufhistorien von Freunden) oder für Funktionen, wie dem Realtime-Marketing, das soziale Netzwerke als Datenpool für „Second Party"- und „Third Party"-Daten[3] versteht und zur Anreicherung von Profilen nutzt (Schoder 2015, S. 46 ff).

---

[2]Ontologien sind Bestandteil der Semantic-Web-Forschung und lassen sich als „[…] a formal, explicit specification of a shared conceptualization" (Studer et al. 1998, S. 184) charakterisieren. Sie schaffen ein für mehrere Akteure gemeinsames Verständnis eines bestimmten Anwendungsbereiches.

[3]Second Party-Daten bezeichnen Daten aus Werbekampagnen, z. B. Paid Search, Suchverhalten oder Verhalten in sozialen Netzwerken, die nicht der Werbetreibende („Advertiser") erhebt, aber mit nutzen kann. Third Party-Daten bezeichnen Daten aus dritten Quellen die der Advertiser erhält, wie demografische Angaben oder detaillierte Profilinformationen. Seit einigen Jahren entstehen in diesem Bereich spezielle Datenlieferanten (Schoder 2015).

Einen dritten Aufgabenbereich bildet die **Interaktion**. Interaktionsfunktionen realisieren den pro- oder reaktiven Kontakt zu den Social Media-Nutzern, z. B. das Durchführen eigener Postings auf Social Media-Plattformen, den gezielten Versand von Nachrichten für eine Kampagne oder die Klärung einer Serviceanfrage (s. Abschn. 3.2.3). Daten aus dem Social Web können dabei die internen Angaben (z. B. zu Produkten) des Unternehmens anreichern (z. B. um Bewertungen oder Lösungsvorschläge anderer Nutzer).

Als vierter Aufgabenbereich sind die Aufgabenbereiche des **CRM** (s. Abschn. 1.4) selbst zu nennen. Maßnahmen des operativen CRM (z. B. Kundenanfragen, Kampagnen) sind mit den Daten und Abläufen des betrieblichen CRM abzustimmen, damit beispielsweise Interaktionen über Social Media auch im Kundenprofil (z. B. neben Anrufen im Callcenter) aufgeführt sind. Im analytischen CRM sind zur teil- oder vollautomatischen Erschließung und Transformation von Daten auch Text Mining-basierte Verfahren (z. B. Tagging, Web Mining, Opinion Mining) von Bedeutung. Sie ermöglichen die Klassifikation von Inhalten und die Gewinnung zusätzlicher – auch impliziter – Daten über eine Struktur (z. B. Popularität, Relevanz) sowie Content-Analysen (z. B. Haltungen bzw. Sentiments, Bezugsthemen). Das kommunikative und kooperative CRM betreffen Funktionalitäten zur Interaktionsunterstützung, z. B. zur Bereitstellung von Social Web-Inhalten und von elektronischen Diensten für Social Web-Nutzer (z. B. Shop-App zur Einbindung in Facebook-Profile) sowie zur Kommunikation und Zusammenarbeit über Social Media (z. B. Microblogs, Foren). Diese erlauben beispielsweise eine zeitnahe Reaktion auf relevante Diskussionen, Ereignisse und Kommunikationsbedürfnisse (s. Abschn. 3.2.4). Weiterhin erfolgt begleitend zum CRM die Integration mit weiteren Backend Systemen, wie E-Shops oder dem Produktmanagement.

Schließlich stellt der Bereich **Management und Integration** eine übergreifende Sicht auf die Social CRM-Aktivitäten in Form von Verwaltungs- und Ablauffunktionen her. So definieren festgelegte Abläufe („Workflows") etwa die manuelle und/oder (teil)automatische Reaktion in bestimmen (kritischen) Situationen und steuern die Weiterleitung von Informationen und Ereignissen in die betreffenden Fachbereiche. Grundlage bilden die Schnittstellen der jeweiligen Social Media-Plattformen sowie die Verknüpfung mit den betrieblichen IS.

Social CRM-Anwendungsbeispiele

2

Zur Darstellung der Möglichkeiten des Social CRM dienen nachfolgend vier Fallbeispiele. Diese liefern einen Einblick in Einsatzmöglichkeiten aus Unternehmen mehrerer Branchen. Nach einer Charakterisierung der Unternehmen gehen die Kapitel jeweils auf die verwendeten Social Media-Plattformen, die Unterstützung der CRM-Kernbereiche sowie die eingesetzte Infrastruktur ein.

2.1 Social CRM bei Cyberport

2.1.1 Unternehmen

Die 1998 gegründete und in Dresden ansässige Cyberport GmbH ist ein Handelsunternehmen für Technik und Lifestyle mit den Bereichen Apple, Notebooks, Tablets, Smartphones, Fotografie, Fernseher und Haushaltsgeräte. Das Unternehmen ist in den vergangenen Jahren stark gewachsen und beschäftigte 2015 ca. 640 Mitarbeiter bei einem Umsatz von € 673 Mio. und einer durchschnittlichen Wachstumsrate von ca. 21 % pro Jahr in den vergangenen fünf Jahren. Das gegenwärtig mehr als 40.000 Produkte umfassende Sortiment vertreibt Cyberport über den Webshop, die insgesamt 15 Filialen sowie in ausgewählten Fällen auch über Plattformen wie Ebay. Zusätzlich hat Cyberport 2010 ein Logistik- und Distributionszentrum mit 120 Mitarbeitern im mittelsächsischen Siebenlehn aufgebaut. Für seine Multichannel-Strategie sowie den nutzerfreundlichen Webshop hat Cyberport in den letzten Jahren mehrfach Auszeichnungen erhalten.

© Springer-Verlag GmbH Deutschland 2016
R. Alt und O. Reinhold, *Social Customer Relationship Management*,
DOI 10.1007/978-3-662-52790-0_2

2.1.2 Social Media-Einsatz

Cyberport nutzt Social Media vor allem zur Positionierung als kompetenter und kundenorientierter Händler. Hauptziele sind die Unterstützung der Markenwahrnehmung und der Kundenkommunikation, während der Produktverkauf über Social Media eine untergeordnete Bedeutung besitzt. Dazu hat Cyberport im Marketingbereich eine Social Media-Abteilung aufgebaut, die werktags besetzt ist und sowohl die Unternehmens- als auch die Filial-Auftritte betreut. Außerhalb dieser Zeit und an den Wochenenden erfolgt in regelmäßigen Intervallen ein Monitoring der Social Media-Kanäle. Diese Zuständigkeit sorgt für eine zentral koordinierte Social Media-Präsenz und hat die anfänglich losgelöst voneinander realisierten Präsenzen einzelner Filialen abgelöst. Cyberport betreibt und nutzt verschiedene Social Media zur gezielten Ansprache relevanter Zielgruppen und eine Unterstützung unterschiedlicher Interaktionsformen:

- *Unternehmenseigene Social Media:* Hierzu zählen die in den Webshop integrierten Funktionen wie die Bewertungsmöglichkeit zu den Produkten, der Live-Chat sowie der Blog (Cyberbloc.de). Über eine Bewertungsfunktion zu jedem im Webshop verfügbaren Produkt können Nutzer ihre Erfahrungen und Meinungen zum Produkt teilen und eine Bewertung von einem bis fünf Sternen abgeben. Während des Kaufprozesses bietet Cyberport die Möglichkeit über Live-Chat mit einem Mitarbeiter Kontakt aufzunehmen und diesem Fragen zu Produkten oder einer Bestellung (Lieferzeit, Verfügbarkeit) zu stellen. Der Cyberbloc (s. Abb. 2.1) dient vor allem zur zielgruppenspezifischen Kommunikation und zur Interaktion mit den Lesern. Zu den Inhalten zählen aktuelle Trends (z. B. Messebesuche von Cyberport-Mitarbeitern), Neuerungen, Produkttests (z. B. von externen Cyberport-Testern) und interne Informationen zu Cyberport („Inside Cyberport"). Nutzer können diese dann kommentieren bzw. sich an Diskussionen beteiligen.
- *Freie Social Media:* Der 2009 eingerichtete Twitter-Kanal bildet mit ca. 20 % aller Social Media-Kundenanfragen bzw. drei bis zehn Anfragen täglich die zweitwichtigste Social Media-Präsenz von Cyberport. Wöchentlich gibt es etwa 200 bis 250 Tweets, die sich auf Cyberport beziehen oder mit denen Cyberport per Hashtag verknüpft ist. Einen Einfluss auf die Aufrufe besitzen spezielle Angebote (z. B. #Cybersale, #DealsDerWoche), die Cyberport twittert, und die viele Follower anschließend weiterleiten („retweeten"). YouTube dient mit aktuell ca. 13.400 Abonnenten (Stand 11/16) primär der Markenpflege. Enthalten sind vor allem Test- und Unboxing-Videos, die Nutzer häufig

Abb. 2.1   Cyberbloc mit der Ankündigung des ersten Podcasts

kommentieren bzw. diskutieren. Cyberport greift einmal wöchentlich in einem Podcast aktuelle Technik- und Lifestyle-Themen auf und bewirbt den unter anderem über Soundcloud abrufbaren Podcast in anderen Kanälen, wie etwa Facebook. Von Pinterest hat sich Cyberport aufgrund der spezifischen inhaltlichen und rechtlichen Erfordernisse wieder zurückgezogen.

- *Zugriffsbeschränkte Social Media:* Facebook bildet mit etwa 135.000 Fans (Stand 11/16) und einem Anteil von 70 % der Social Media-Kommunikation den wichtigsten Social Media-Kanal für Cyberport. Das Unternehmen postet täglich ein- bis zweimal und versucht dabei ein Verhältnis von 80 % Content und 20 % Werbung einzuhalten. Cyberport wertet die Facebook-Postings aus und nutzt Facebook-Werbeanzeigen („Facebook Ads") zur Bewerbung der eigenen Angebote (s. Abb. 2.2). Über Google+ versorgt Cyberport täglich ca. 2.100 Follower mit Informationen, die sich gegenüber Facebook aufgrund der verstärkt technisch interessierten Zielgruppe auf Themen für Technik-Bastler und IT-Spezialisten konzentrieren.

Abb. 2.2 Shop-Seite von Cyberport mit Facebook-Link (rechts) und Facebook-Präsenz (links)

2.1.3 Social CRM-Anwendung

Im **Marketing** unterstützt Cyberport über Social Media in erster Linie das Kampagnenmanagement. Die Schwerpunkte liegen beim Monitoring und der Interaktion bzw. Kommunikation mit den Kunden über die freien und zugriffsbeschränkten Social Media. Über diese ermittelt Cyberport im Kampagnenmanagement auch Trends bzw. Vorlieben innerhalb der Community und eruiert mittels des Monitorings von deutschen und englischen Technik-Blogs Insiderinformationen zu technischen Fragen und Entwicklungen (s. Abb. 2.3 links). Die Erkenntnisse bilden dann den Ausgangspunkt für Social Media-Kampagnen, die z. B. in Form von gezieltem Facebook-Marketing, die Präsentation der Produkte unterstützen (s. Abb. 2.3 rechts). Zur Leadgenerierung ergänzen feste Postings die regelmäßigen Angebots-Formate (Deals der Woche, Monatsprospekt usw.). Eine Auswertung der Kampagnen findet bezüglich der Reichweite und der Konversion bzw. dem Anteil an Kunden statt, die durch diese Kampagnen auf Produkte aufmerksam wurden und diese auch gekauft haben. Zusätzlich erfolgen ein Monitoring des Webshops und eine Kategorisierung wichtiger Schlagworte, wie etwa „Samsung Galaxy S6", über Analyse-Tools.

Im **Verkauf** versucht Cyberport nach der Leadgenerierung über die Social Media durch Werbung oder Kampagnen, diese Kontakte per Link direkt auf die betreffenden Angebote im Webshop weiterzuleiten und so möglichst einen Verkaufsabschluss zu erzeugen.

Abb. 2.3 Facebook-Meldung zur Community-Zusammenarbeit und Beispiel eines Angebotes

- *Beratung:* Neben traditionellen Kanälen (Telefon, E-Mail, Filiale) erfolgen in steigendem Maße Anfragen über Social Media. Mitarbeiter der Social Media-Abteilung beantworten diese direkt oder leiten sie an den Kundenservice zur weiteren Beratung über Social Media oder Telefon weiter. Zusätzlich können Kunden vor bzw. während des Bestellprozesses mit einem Kundenservice-Mitarbeiter einen Live-Chat führen.

- *Verkaufsunterstützung:* Der Cyberport-Webshop enthält mehrere Verknüpfungen zu den Social Media-Plattformen. So ist auf der Startseite im unteren Bereich jeweils ein aktuelles Produkttest-Video platziert, das sich mittels der „Gefällt mir"- oder „Teilen"-Funktion direkt auf Facebook, Google+ oder Twitter veröffentlichen lässt. Ferner ist die Anmeldung oder Registrierung im Webshop mit einem Facebook-Log-in möglich. Primär dienen die Social Media-Postings (z. B. das Monatsprospekt oder Aktionen bzw. „Deals"), die häufig auch zu einer eigenen Landingpage[1] im Webshop führen, zur Konversion von Leads in Kunden.

- *Unterstützung des Webshops:* Der Webshop bietet neben der Produktsuche und der Information zu Produkten auch die Möglichkeit, Produkte miteinander zu vergleichen, diese einem Freund oder Kollegen zu empfehlen oder das entsprechende Gerät auf die eigene Merkliste zu setzen. Mit einem Finanzierungstool lassen sich außerdem die verfügbaren Konditionen überprüfen und

---

[1]Eine Landingpage ist eine Webseite, die für eine Kampagne eingerichtet ist und weiterführende Angaben zum Angebot enthält.

Finanzierungsbeispiele durchrechnen. Als Multichannel-Händler zeigt Cyberport auf der Artikeldetailseite sowohl die Verfügbarkeiten im Zentrallager als auch in den Filialen.

Im **Servicebereich** versucht Cyberport Anfragen von Kunden schnellstmöglich zu bearbeiten sowie das Kundenfeedback auszuwerten:

- *Produkt- und Serviceanfragen:* Viele der Social Media-Anfragen beziehen sich auf einzelne Produkte, Verkaufsprozesse oder Serviceleistungen. Die Social Media-Abteilung beantwortet diese Anfragen direkt und veröffentlicht die Antwort auch, falls eine Relevanz für mehrere Kunden vorhanden ist. Häufig gestellte Fragen und Antworten nimmt Cyberport in die FAQ der Webseite auf.
- *Kundenfeedback:* Viele Kunden nutzen die Möglichkeit zur Meinungsäußerung über den Blog oder die freien und zugriffsbeschränkten Social Media. Eine Auswertung dieses Kundenfeedbacks erfolgt regelmäßig für alle Plattformen und fließt in einen Bericht an das Management sowie weitere Abteilungen ein. Im Sinne eines „Frühwarnsystems" lassen sich dadurch kritische Situationen zeitnah erkennen. Beispielsweise waren Probleme bei den populären „Black Friday"-Aktionen (z. B. ein fehlerhafter und nachträglich korrigierter Preis) bereits frühzeitig über Social Media und erst verzögert über das Callcenter und die Filialen zu beobachten. Die betroffenen Abteilungen und das Social Media-Team konnten dadurch zeitnah reagieren und den Kunden Empfehlungen (z. B. Bestellung über E-Mail) geben.

Ein Beitrag zu **übergreifenden Prozessen** ist ebenfalls anzutreffen:

- *Marken- und Reputationsmanagement:* Um die Positionierung als Experte für die angebotenen Produkte zu unterstützen, kommuniziert Cyberport über Facebook, Twitter und Google+ regelmäßig News oder Produktvorstellungen (s. Abb. 2.4) und verweist in diesen Postings teilweise auch auf den eigenen Blog und die Podcasts. Die Überwachung der veröffentlichten Inhalte erlaubt anschließend Rückschlüsse auf die Wirkung der eigenen Postings.
- *Produktmanagement:* Das traditionell über wenig direkten Kundenkontakt verfügende Produktmanagement erhält vom Social Media-Team Rückmeldungen seitens der Community, die für Entscheidungen zum Produktsortiment und zur Preisgestaltung nützlich sein können. Den Input liefert hauptsächlich eine wöchentliche Auswertung der Social Media-Kanäle sowie von Schnäppchen-Portalen, Angebots-Blogs etc.

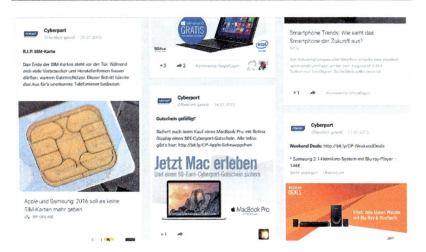

Abb. 2.4 Ausschnitt der Google+-Präsenz von Cyberport mit Technikthemen und Angeboten

2.1.4 Social CRM-Infrastruktur

Zentrales Element der Social CRM-Infrastruktur ist ein Social Media-Monitoring- und -Management-System. Es dient zur Planung, Koordination und Veröffentlichung von Beiträgen sowie zur gemeinsamen Bearbeitung von Anfragen zusammen mit Mitarbeitern aus dem Kundenservice und ermöglicht ein grundlegendes Web-Monitoring. Zusätzlich analysiert Cyberport die Aktivitäten auf den verwendeten Plattformen, wie etwa Twitter und Facebook, mit den verfügbaren Auswertungsfunktionalitäten dieser Plattformen, um Einblicke in die Zusammenstellung und Reaktionen der Community zu erhalten. Die Kundenkontaktpunkte, wie der Webshop oder Facebook, sind zudem verbunden, um das Leadmanagement zu unterstützen. Beispielsweise führen Links in sozialen Kanälen auf Landingpages und im Webshop ist ein Log-in über den Facebook-Account möglich.

2.2 Social CRM bei Dell

2.2.1 Unternehmen

Das 1984 von Michael Dell gegründete Unternehmen ist entlang dreier Leitsätze gewachsen und hatte zeitweise den höchsten Anteil am weltweiten PC-Markt (heute Nr. 3 mit 15,2 % in Q2 2016, Quelle: Statista). Im Mittelpunkt des

Geschäftsmodells stand neben einer ausgeprägten Orientierung an den Kundenan-
forderungen der Direktverkauf der Produkte über die Webseite des Unternehmens
und die konsequente Umsetzung der Auftragsfertigung (sog. „Build-to-Order").
Obgleich Dell seine Produkte seit 2008 auch indirekt über Händler vertreibt, bildet die Beteiligung der Kunden und die Berücksichtigung ihres Feedbacks weiterhin die Grundlage für die Gestaltung des Produktsortiments. Zu den Kunden
zählen Großunternehmen, öffentliche Unternehmen, KMU sowie Endkunden.
Das Produktportfolio umfasst neben Unternehmenslösungen die Bereiche Software, Peripherie, Endkundenlösungen und Services. Aufbauend auf seinem
traditionellen Internet-basierten Geschäftsmodell begann Dell frühzeitig die Möglichkeiten des Social Web zu nutzen und gründete im Jahre 2010 ein unterneh-
mensweites Social Media Listening Command Center.

2.2.2   Social Media-Einsatz

Dell setzt bereits seit 2006 Social Media ein, um Kunden und Märkte besser zu
verstehen, Dialoge aufzubauen und Kunden aktiv einzubeziehen (s. Abb. 2.5).
Eine starke Präsenz in Social Media, die eine Anlaufstelle für Probleme, Fragen
und Ideen von Kunden bietet, sowie ein umfassendes Monitoring, das zeitnahe
Reaktionen auf kritische Ereignisse sowie detaillierte Einblicke in Marktseg-
mente und die Produktwahrnehmung ermöglicht, bildeten den Ausgangspunkt für
die unternehmensweite Verbindung von Social Media und CRM.

Dazu informiert Dell z. B. täglich proaktiv über spezifische Themen (sog. See-
ding[2]) und reagiert auf angesprochene Probleme im Sinne eines aktiven Bezie-
hungsmanagements über Twitter. Mittels Social Media hat Dell gleichzeitig eine
intern und extern zugängliche Wissensbasis geschaffen, damit sich Kunden möglichst selbst helfen können und den Kundenservice erst dann kontaktieren, wenn
keine Lösung in den verfügbaren Materialien zu finden ist. Dadurch kann sich der
Kundenservice u. a. auf komplexere Anfragen konzentrieren. Dell nennt drei
Grundprinzipien für seinen Social Media-Einsatz:

- *Engage:* Im Sinne eines „Friends recommend Friends" sollen zufriedene Kunden Dell an Freunde weiterempfehlen oder diesen bei Problemen helfen. Dazu
  streut Dell täglich Beiträge, Informationen, Bilder und Videos zum Unternehmen und seinen Produkten.

---

[2]Seeding bezeichnet ein proaktives Informieren in der Community, um Aktivität und Sichtbarkeit zu gewährleisten.

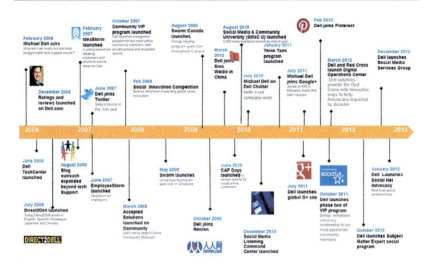

Abb. 2.5 Meilensteine der Social Media-Nutzung bei Dell bis 2013 (Versteeg 2013)

- *Syndicate:* Ziel ist eine enge Verbindung mit der Kunden-Community durch eine abgestimmte Verwendung der Kanäle. So sollen Dell-Kunden Social Media-Kanäle auch „Offline" (z. B. in Veranstaltungen bzw. Events) nutzen können, um dort mittels eines Hashtags versehene Postings zu veröffentlichen, die Nutzer anschließend „Online" kommentieren und verlinken können.
- *Monetize:* Letztlich sollen die Social Media-Maßnahmen zum Geschäftserfolg beitragen und zu Kaufempfehlungen (Umsatzwirkung) sowie zu Effizienzsteigerungen (Kunden-Selfservice, Marktforschung) führen.

Seitens der Social Media-Plattformen verfolgt auch Dell einen gemischten Ansatz (s. Abb. 2.6):

- *Interne Social Media* dienen primär der operativen Unterstützung in Geschäftsprozessen. So nutzt Dell Salesforce Chatter zur Unterstützung der Kommunikation von Mitarbeitern und über die Diskussionsplattform Employee Storm tauschen sich Mitarbeiter über mögliche Produkt- und Serviceinnovationen aus. Das Konzept ist aus Dell IdeaStorm heraus entstanden und soll einen schnellen, weltweiten Austausch, etwa von Ideen oder Problemen ermöglichen. Außerdem stellt Dell über SlideShare Präsentationen zu Produkten oder Abläufen im Unternehmen für Mitarbeiter (teilweise auch Kunden) bereit.

Platform	Purpose	Time	Level of Commitment	Level of Difficulty	Outcome
Linked in	Professional community	2-3x per week	Low	Easy	Connecting, recruiting
twitter	Microblog	Daily	Medium	Medium	Relationship-building, connecting w/ "influencers" & advocates
Google+ facebook	Social network	2-3x per week	Medium	Medium	Relationship-building, connecting w/ friends, influencers & advocates
Storify	Social aggregate	Daily	Low	Easy	Storytelling, syndication
tumblr.	Micro blog /blog platform	2-4x per month;	High	High	Storytelling, syndication
slideshare	Powerpoint presentation community	Monthly; ongoing comments	High	High	Story-telling, syndication
flickr Pinterest instagram	Photosharing, inspirational	Monthly	Low	Low	Sharing, visual storytelling
You Tube	Video sharing	Ad Hoc	High	High	Storytelling

Abb. 2.6 Übersicht der von Dell genutzten Social Media-Plattformen (Versteeg 2013)

- *Unternehmenseigene Social Media* finden sich an mehrfacher Stelle. Das zentrale Portal bildet die „Dell Community" (en.community.dell.com), die einen Einstieg in alle Community-Services, wie etwa Support Foren, Blogs, Gruppen, Verkaufsberatung, Vorteilsprogramme („Owners Club"), IdeaStorm und Dells TechCenter bietet (s. Abb. 2.7 links). Zusätzliche landesbezogene Support-Foren sind untergliedert nach Produktkategorien in denen registrierte Benutzer Themen veröffentlichen und Einträge anderer Benutzer beantworten können. Teilweise enthalten die einzelnen Produktkategorien ein öffentlich einsehbares Wiki zur Sammlung von Antworten für spezifische Fragen. Weitere Ergänzungen sind themenspezifische Blogs, wie etwa Direct2Dell, oder Kooperationsplattformen wie Dell IdeaStorm für das Crowdsourcing von Ideen bzw. Produktinnovationen (s. Abb. 2.7 rechts). Für den Kundensupport dient www.dell.com/Support, das eine in Form eines Wikis aufgebaute Wissensbasis zu Produkten (Self Help Knowledge Base) für Support-Techniker und Kunden darstellt (s. Abb. 2.8). Support-Foren im Community-Bereich ergänzen dieses Angebot. Die unternehmenseigenen Plattformen sind häufig untereinander und zu freien Social Media (z. B. Twitter, YouTube, Facebook) verknüpft, sodass Nutzer die Dell-Dienste über mehrere Kanäle erreichen können.
- *Freie Social Media* umfassen den weltweiten Support rund um die Uhr und in elf Sprachen über Twitter. Dazu zählen für Deutschland etwa @DellHilft für Support, @DellGermany für Neuigkeiten (slideshare.net/Dell, s. Abb. 2.9)

Abb. 2.7 Community en.community.dell.com (links) und IdeaStorm.com (rechts)

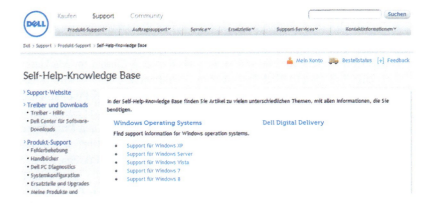

Abb. 2.8 Dell Knowledge Base Forum (https://support.software.dell.com/de-de/kb-product-select)

oder Storify (storify.com/Dell) für die Bereitstellung diverser Unterlagen (z. B. Vorträge zum Unternehmen, zu Social Media, Services und neuen Konzepten oder Ideen) für interessierte Follower oder verschiedene Video-Kanäle in YouTube (z. B. danken Dell-Mitarbeiter Kunden und Followern bei #DellLove und initiieren neue Konversationen). In 2012 initiierte Dell eine Präsenz auf Pinterest (Sirur 2012) und publiziert seitdem wöchentlich dazu neue „Pins" in verschiedenen Boards, wie Infographics, Re-Pins, Heritage, Lifestyle oder Entrepreneurship (s. Abb. 2.9). Außerdem pflegt Dell eine Flickr-Präsenz zur Unterstützung der Unternehmenskommunikation und ist im chinesischen Mikroblogging-Dienst Weibo aktiv.

- *Zugriffsbeschränkte Social Media* nutzt Dell beispielsweise bei Facebook, Google+, LinkedIn, Xing und RenRen. Die Facebook-Seiten sind weltweit einheitlich aufgebaut, besitzen aber länderspezifische Besonderheiten (z. B.

Abb. 2.9 Dell-Nachrichten im Twitter-Kanal @DellGermany und in Pinterest

lokale Kundenanfragen, Umfragen). Die deutsche Facebook-Seite verzeichnete 2015 mehr als 8,4 Mio. Fans und illustriert den Einsatz im Marketing, beispielsweise durch Produktneuigkeiten, Umfragen, einen elektronischen Katalog oder Aktionen für ausgewählte Produkte. Für die XPS-Produktfamilie waren 2012 etwa Informationen zur Produktreihe, Videos sowie Feedbackformulare verfügbar und Nutzer konnten ihre Meinung zum neuen Produkt auf Twitter mittels des Hashtags #XPS mitteilen und auffinden. Über die chinesische Facebook-Alternative RenRen betreibt Dell eine eigene Präsenz, die u. a. Links zu Angeboten, Callcenter-Kontaktdaten und Links zum Chat enthält. Das Forum hatte Mitte 2016 mehr als eine Million Follower. Die seit 2009 bestehende LinkedIn-Präsenz entwickelte Dell von einer Plattform zur Gewinnung neuer Mitarbeiter zu einem zielgruppenspezifischen Kommunikationskanal mit hilfreichen Hinweise, Neuigkeiten und Angeboten für professionelle Nutzer mit ebenfalls mehr als 1,3 Millionen Follower (Stand 2016).

Dieser Mix (s. Abb. 2.10) hilft Dell insbesondere die Bindung zu Kunden und Meinungsführern zu erhöhen, den „Share-of-Voice[3]" zu unternehmensrelevanten Themen zu erhöhen, die Präsenz von Dell in Suchmaschinen zu verstärken sowie Klicks und Umsatz auf Dell.com zu erhöhen. Die breite Beteiligung von Mitarbeitern an den Social Media-Aktivitäten fördert Dell aktiv, etwa im Rahmen von Kursen, um möglichst viele Mitarbeiter an diese Kanäle heranzuführen und zur Mitarbeit zu bewegen. Die Dell „Social Media and Community University" (SMaC U) (Heiss 2014) sowie ein unterstützendes Social Media-Team sichern die

---

[3]„Share-of-Voice" beschreibt die Marktabdeckung einer Werbemaßnahme mittels des Anteils der Werbekontakte (z. B. Anteil der Unternehmenserwähnungen) an den Gesamtkontakten (z. B. aller Erwähnungen von Unternehmen einer Ziel-/Produktgruppe).

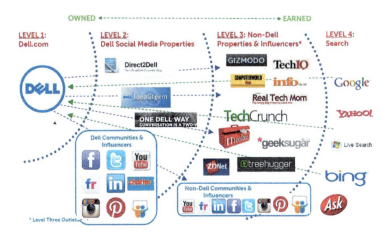

Abb. 2.10   Eingesetzte Social Media-Plattformen bei Dell (Versteeg 2013)

Qualifizierung und die Social Media-Kompetenz der Mitarbeiter. Die Leitlinien dafür formulieren die fünf Social Media-Prinzipien von Dell (Dell 2015): „1) Protect Information, 2) Be Transparent and Disclose, 3) Follow the Law, Follow the Code of Conduct, 4) Be Responsible, 5) Be Nice, Have Fun and Connect." Im Social Media Expert-Programm (SME) ermöglichen Leaderboards und individuelle ScoreCards außerdem die Identifikation von Mitarbeitern, welche Social Media erfolgreich nutzen, diesen zu folgen und von deren Aktivitäten zu lernen.

2.2.3   Social CRM-Anwendung

Der Social Media-Einsatz von Dell zeigt eine umfassende Unterstützung der Kernprozesse des Social CRM (s. Abb. 2.11).

Im **Marketing** sind dies beispielsweise:

- *Kampagnen- und Eventmanagement:* Dell nutzt Social Media für zielgruppenspezifische Marketingkampagnen (z. B. Gamer, Alltagsnutzer, Mittelstand) oder Cross-Plattform-Kampagnen über mehrere Social Media (z. B. Ergänzung von Facebook-Kampagnen durch Videos auf YouTube und Bilder auf Flickr) und teilweise auch mit „Offline"-Kanälen (z. B. zur Reichweitenerhöhung einer Print-Kampagne). Die für die Kampagnen zuständigen Personen erhalten

Abb. 2.11 Übersicht zu den Einsatzbereichen von Social Media bei Dell (Mathisen 2013)

über Social Media während oder nach der Durchführung der Kampagne Informationen zur Resonanz (z. B. erreichtes Alterssegment, Verbreitung über Hashtags). Den Erfolg und die Reichweite von entsprechenden Maßnahmen fördern Schulungen der Mitarbeiter zur Erstellung und zum Erfolg von Postings.

- *Leadgenerierung:* Anreize zum Kauf von Dell-Produkten streut Dell z. B. über Facebook. So veröffentlicht Dell etwa Links und Postings zu Gutscheinen und Aktionen, die sich teilen und auf die eigenen Distributionskanäle und Plattformen weiterleiten lassen. Über RenRen können Konsumenten beispielsweise in einem Spiel Gutscheine oder Rabatte für ein Produkt gewinnen und diese dann direkt im verknüpften Shop einlösen (o. V. 2012). Weitergeleitete Postings („Shares"), Likes oder Statusmeldungen sorgen dafür, dass Freunde auf die Aktion aufmerksam werden und ggf. ebenfalls teilnehmen. Eine spätere Auswertung liefert detaillierte Einblicke in die erreichte Zielgruppe, die Kosten und Erlöse sowie die Zeiträume und die Reichweitenwirkung.

Social CRM im **Verkauf** bei Dell umfasst:

- *Zielgruppenspezifische Distributionskanäle:* Die Social Media-Aktivitäten von Dell dienen nicht primär dem direkten Verkauf, sondern als unterstützende Maßnahmen für einen regelmäßigen Kontakt zu Kunden und Interessenten. Neben den direkten Kanälen, können Mitarbeiter auch selbst Social Media zur Interaktion mit ihren betreuten Kunden nutzen. So ist LinkedIn z. B. als Plattform zur Interaktion mit professionellen Nutzern beliebt. Bis 2015 konnte Dell darüber bereits mehr als eine Mio. Follower gewinnen, indem es regelmäßig für die Zielgruppe hilfreiche Postings veröffentlicht oder themenspezifische Gruppen moderiert hat. Auswertungen von Dell deuten darauf hin, dass LinkedIn-Follower eine höhere Kaufwahrscheinlichkeit auch bei Kampagnen besitzen.

- *Kanalpartnerunterstützung:* Dell verbindet seine eigenen Social Media-Präsenzen mit solchen von Vertriebspartnern, um über Aktivitäten der Partner (z. B. Events) zu informieren. Eine derartige Kooperation zeigt das Beispiel mit BMW aus dem Jahr 2012 als beide Unternehmen eine gemeinsame Aktion mit den Produkten Dell Streak und BMW Mini für ein Car Sharing-Produkt durchgeführt haben (Sayers 2011).
- *Lead-Qualifizierung:* Interessenten erhalten aus Social Media (z. B. Social Media-Kampagnen oder weitergeleiteten Nachrichten mit Hashtag) heraus direkt Links zu Landingpages mit speziellen Angeboten, zum Webshop oder zum Chat mit einem Vertriebsmitarbeiter, um darüber Fragen zu Produkten, zur Produktauswahl und dem weiteren Verkaufsprozess zu äußern. Dadurch besteht die Möglichkeit, Interessenten im engeren Kontakt individuell zu beraten.
- *Angebotsmanagement:* Dell führt gezielte Vertriebsaktionen auf Twitter und Facebook durch. Ein Beispiel ist der Kanal @DellOutlet (s. Abb. 2.12), der ausgewählte Produkte in einem zeitlich beschränkten Rahmen preisgünstig anbietet und damit direkt qualifizierte Leads in den Verkaufsprozess einbringt. Dell ergänzt damit die bestehenden Vertriebskanäle und erhöht mit Social Media den Zugang zu spezifischen Zielgruppen, etwa zu Spontankäufern oder Erstkäufern.

Abb. 2.12 Promotion von Sonderangeboten über @DellOutlet (links) und aktuelle Dell-Angebote über Facebook (rechts)

Im Bereich **Service** finden sich weitere Anwendungen von Social Media:

- *Produkt- und Serviceanfragen:* Kunden können über Twitter und Facebook schnelle Antworten auf ihre Serviceanfragen erhalten. Gleichzeitig sichert dieser Kanal eine hohe Sichtbarkeit des jeweiligen Problems und der zugehörigen Antwort, sodass diese auch anderen Nutzern zur Verfügung stehen. Der Erstkontakt im Social Web findet häufig über Twitter statt und es erfolgt – sofern das Ticket nicht direkt lösbar ist – eine Weiterleitung an den geeigneten Service-Kanal. Zur Nachverfolgung der Tickets und zur Integration mit dem CRM dient die selbst entwickelte Lösung „Fusion".
- *Kundenfeedback:* Über ein laufendes Monitoring erfolgt die Identifikation von Problemen mit Produkten („Listening"). Insbesondere bei neuen Produkten existieren Diskussionen, auf die Dell zeitnah sowohl in der Community als auch direkt reagieren kann (z. B. Antwort an Kunden, Weiterleitung an Produktmanagement/ Entwicklung, Bereitstellung von Updates). Das Tool „Social Net Advocacy" zeigt beispielsweise interne Daten und externes Feedback auf Produktebene und ermöglicht eine Verfeinerung („Drill-Down") auf jeden einzelnen Kommentar.
- *Kooperativer Support:* Die Community-Plattform entlastet den Kundendienst, da sich hier Konsumenten gegenseitig bei Fragen zu Dell-Produkten unterstützen. Kann kein Nutzer helfen oder dauert die Beantwortung zu lange, schalten sich Kundendienstmitarbeiter zur Beantwortung der Anfragen ein (s. Abb. 2.13). Die Community ergänzt damit die eigene Wissensbasis bei der Lösungsfindung und der Entwicklung neuer Wissensbausteine.

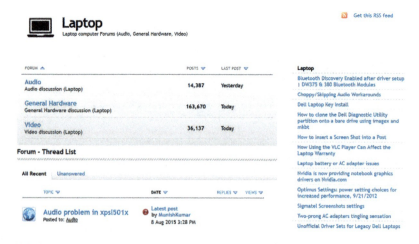

Abb. 2.13 Dell-Forum zu Fragen rund um Laptops

- *Pro-aktiver Support:* Neben dem Support in eigenen Foren analysieren Dell-Mitarbeiter auch Fragen zu Produkten auf externen Plattformen. Relevante Inhalte oder Fragen fließen als Link entweder in das Supportforum oder in eine Nachricht an einen Kundendienstmitarbeiter ein.

Abschließend liefert der Einsatz von Social Media auch bei Dell einen Beitrag zu **übergreifenden Prozessen:**

- *Marken- und Reputationsmanagement:* Grundlage bildet ein professionelles Monitoring von Social Media-Inhalten und den Akteuren (z. B. Blogger), die positive oder negative Erfahrungen, Ratings und Reviews in Verbindung mit Dell veröffentlichen. Außerdem liefert diese Auswertung zusätzliche Anhaltspunkte für die Nachfrageentwicklung („Demand Forecast"). Werkzeuge wie das eigenentwickelte „Social Net Advocacy" (Gupta 2013), die Social Web-Daten kontextspezifisch auswerten, zielen auf die Verbesserung der Datenqualität (Gupta 2014). Dell kann aus diesem öffentlichen Meinungsbild etwa Rückschlüsse auf interne Verbesserungspotenziale (z. B. in der Kundeninteraktion) ableiten. Gleichzeitig kann Dell darüber eigene Standpunkte vertreten, aktiv Hilfe anbieten oder die Gründe für bestimmte Meinungen oder Aussagen direkt mit den Betreffenden besprechen. Zusätzlich dienen Social Media der einfachen Verbreitung von „Customer Stories", die authentische Meinungen zu Produkten, Dienstleistungen oder zur Marke vermitteln.
- *Community-Management:* Dell entwickelt gezielt seine Community und nutzt diese im Marketing beispielsweise als Reichweitenverstärker, als Unterstützungsplattform oder zum Zielgruppenaufbau. Bei ungerechtfertigter Kritik greifen beispielsweise Mitglieder dies auf und stellen die Gründe oder Leistungen von Dell dar. Ebenso fördert Dell besonders aktive Nutzer (z. B. Dell Community Rockstar, Community Advisory Panel) oder leitet Nachrichten externer Unterstützer über eigene Kanäle weiter. Diese bilden Multiplikatoren, die selbst eine eigene Reputation auf- bzw. ausbauen können. Das Community Advisory Panel gibt außerdem Feedback und fördert die Kommunikation über Dell.
- *Produkt- und Innovationsmanagement:* Über die IdeaStorm-Plattform tauschen Nutzer ihre Ideen über Dell-Produkte und Services aus, die mit mehr als 549 umgesetzten Ideen (aus ca. 26.000 eingereichten Vorschlägen, Stand 2016) auch direkten Eingang in die Produktentwicklung fanden („New Product Ideation"). Das Wissen aus direkten Kundenkontakten verbunden mit den Erkenntnissen aus dem Social Web und den Diskussionen auf der IdeaStorm-Plattform versorgen das Produktmanagement kontinuierlich mit Marktfeedback („Feedback Loop"), sodass Dell auf Probleme in der Produktpalette frühzeitig reagieren kann.

2.2.4   Social CRM-Infrastruktur

Zur Realisierung seiner Social CRM-Lösung nutzt Dell das CRM-System Salesforce und zur Analyse und Kommunikation zusätzlich Radian 6 sowie eigenentwickelte Lösungen. Eine Verknüpfung zwischen Social Media und CRM
im Bereich des Service erfolgt mit der eigenentwickelten Software Fusion. Die
Funktionalitäten sind:

- Salesforce integriert mehrere Kundenkontaktpunkte (z. B. Web, Callcenter,
  mobile Geräte, Social Media oder Filialsysteme) und liefert typische CRM-
  Funktionen, wie etwa die Erfassung von Kundendaten und das Führen einer
  Kundenkontakt- und Kaufhistorie.
- Die Analyse von Social Media findet mittels mehrerer Lösungen statt. Im Vor-
  dergrund steht Radian 6 mit seinen Funktionalitäten zur Echtzeit-Analyse von
  Social Web-Inhalten mittels verketteter Suchbegriffe und Auswertungen von
  Sentiments. Es liefert Berichte, z. B. für das Kampagnenmanagement und die
  sog. Management Notes.
- Die Interaktion mit der Community beruht ebenfalls primär auf Radian 6 und
  findet in mehreren Sprachen (unter anderem Englisch, Deutsch, Französisch
  und Spanisch) statt. So nimmt Radian 6 bei einer Interaktion im Service-
  Bereich die Nachricht auf und versendet auch die Antwort. Die Protokollie-
  rung (bzw. das Logging) der Interaktionen erfolgt in Radian 6 und Fusion
  mittels eines bidirektionalen Abgleichs. Fusion speichert dabei zusätzliche
  Informationen (z. B. eine Fallnummer, die Beschreibung des Problems und
  gegebene Antworten).

Das Social Media Listening Command Center bündelt und ergänzt die Analysefä-
higkeiten. Grundsätzlich können Dell-Mitarbeiter auch außerhalb der Kerninfra-
struktur eigene Werkzeuge nutzen, um individuelle Auswertungen durchzuführen.
Beispiele für die im Social Media Listening Command Center (s. Abb. 2.14)
zusätzlich genutzten Analyse- und Bewertungswerkzeuge sind:

- *Globalwebindex* des gleichnamigen Marktforschungsunternehmens, generiert
  auf Basis der Internet-Nutzung über PC, Mobiles, Tablets, Konsolen oder TV-
  Geräte, Daten über Kundengruppen.
- *Strategic Oxygen* (heute Forrester Tech Marketing Navigator), das Daten über
  Medien bzw. Informationskanäle oder -träger, die einen bestimmten Einfluss
  besitzen, anbietet.

Abb. 2.14 Dell Social Media Listening Command Center. (Quelle: http://www.torbenrick. eu/blog/wp-uploads/2011/01/dell-social-media-listening-command-center.jpg)

- *Sprinklr*, das Diskussionen über Social Media-Plattformen hinweg verfolgt und u. a. Schnittstellen zu Twitter, Facebook, LinkedIn, YouTube, Slideshare, Foursquare, Wordpress, Tumblr, Weibo, QQ oder RenRen bietet.
- *Salesforce Chatter* lässt Mitarbeiter Profile anlegen, Gruppen beitreten, Dateien teilen und weltweit Dell-intern über die Messenger-Software kommunizieren.

Im Jahr 2013 rief Dell die „Social Media Service Group" ins Leben und bietet anderen Unternehmen die eigene Social Media-Kompetenz über Seminare, Beratung und „Build-outs" (eigene Instanzen des Social Media Listening Command Centers) an. Zu den Dienstleistungen zählen Maßnahmen zur Stärkung der Kundenloyalität, der Förderung von Produkten und Marken sowie der Social Media-Analyse.

2.3 Social CRM bei Spreadshirt

2.3.1 Unternehmen

Spreadshirt zählt zu den weltweit führenden E-Commerce-Unternehmen im Bereich On-Demand-Druck von Kleidung und Accessoires. Spreadshirt ist in 19 Märkten und 12 Sprachen aktiv und betreibt vier Produktionsstandorte in Polen, den USA und Brasilien. Das 2002 in Leipzig gegründete Unternehmen erzielte 2015 einen Umsatz von rund € 94 Mio. und bedruckte bislang über 3,6 Mio. Artikel, die es in über 150 Länder verschickt. Privatpersonen, Unternehmen und Organisationen können über 150 Produkte mit eigenen Ideen gestalten, kaufen oder diese über Online-Shops, elektronische Marktplätze und weitere Kanäle Dritten anbieten.

Dabei übernimmt Spreadshirt die Herstellung der Produkte sowie die Abwicklungs- und Serviceprozesse. Der erste Prototyp der Plattform ging 2002 online und neun Monate später eröffnete der einhundertste Shop. Aufgrund der Expansion in Europa und Nordamerika zählte Spreadshirt bereits fünf Jahre nach Firmengründung mehrere Hunderttausend Shop-Betreiber. Nach 13 Jahren finden sich auf der Spreadshirt Plattform knapp zwei Mio. Motive in Shops, Marktplätzen oder im T-Shirt-Designer. Der Ansatz von Spreadshirt beruht auf einer aktiven Einbindung der Community in die Marketing-, Verkaufs- und Serviceprozesse. Während sich Spreadshirt auf die Plattform, Produktion, Distribution und Abrechnung konzentriert, übernehmen die Verkäufer mehrheitlich die Aufgaben Design, Promotion sowie Kundenakquise und Kundenbindungsmanagement. Spreadshirt stellt die technische Infrastruktur mit Werkzeugen zur Gestaltung der Kleidungsstücke auf Basis eines bestehenden Angebots bzw. eines konfigurierbaren Lösungsraums („Mass Customization") bereit und verbindet diese mit den Innovationspotenzialen der Community („Open Innovation"). Die Community-Teilnehmer unterteilt Spreadshirt nach Endabnehmern der T-Shirts (Kunden) einerseits und nach Designern, Unternehmen oder Promotern (Verkäufern) andererseits. Ein Erstkunde entwirft beispielsweise nach einigen Käufen selbst T-Shirts im Spreadshirt T-Shirt-Designer, stellt sie im eigenen kostenlosen Online-Shop oder dem Spreadshirt-Marktplatz ein und wird so zum Verkäufer. Insgesamt hatte Spreadshirt in 2015 ca. 70.000 aktive Partner.

2.3.2 Social Media-Einsatz

Auch bei Spreadshirt findet sich ein Mix an Social Media, den das Unternehmen gezielt nach einem Zwiebelmodell organisiert hat. Die inneren Schichten bilden Blog und Forum für Aufgaben des Markenmanagements, des „Community Buildings" und des Marketings, während die äußeren Schichten mit Facebook, Twitter, Foren und externen Blogs der Marktforschung, Kundenakquise und der direkten Interaktion dienen. Grundsätzlich soll die Kommunikation aus den äuße-

Forum
Willkommen bei Forum.

Deutsch	Themen / Beiträge	Letzter Beitrag
Neues bei Spreadshirt *(3 Betrachter)* Aktuelle News aus dem Spreadshirt HQ - öffentlich einsehbares Forum.	Themen: 575 Beiträge: 10.480	Ab Februar kostenlose... von SoundAndVision 21.02.2015, 10:35
Service-Bereich: Allgemeine Fragen zur User Area Alles was Du schon immer über Produkteinrichtung, Shoplayout, Premiumaccount etc. wissen wolltest kannst Du hier fragen.	Themen: 1.650 Beiträge: 13.897	Privat
Service-Bereich: IT-Bugs *(1 Betrachter)* Du hast einen Bug entdeckt! Nur her damit, aber bitte mit möglichst vielen Details!	Themen: 1.590 Beiträge: 14.213	Privat
Service-Bereich: Vorschläge und Ideen *(1 Betrachter)* Hast Du Wünsche, Verbesserungsvorschläge und neue Produktideen für Spreadshirt? Hier bist Du richtig.	Themen: 787 Beiträge: 8.186	Privat
Community-Bereich: HTML und Webdesign Die Info-Tauschbörse für alle, die Fragen und Anregungen zu CSS, Soap und HTML haben.	Themen: 752 Beiträge: 5.550	Privat
Community-Bereich: Shop Marketing Zutritt nur für Shoppartner. Holt Euch von anderen Shopbetreibern Anregungen und Marketing-	Themen: 676 Beiträge: 11.508	Privat

Abb. 2.15 Beispielhafte Themen im Forum bei Spreadshirt

ren Schichten zu engerer Interaktion in der inneren Schicht führen, während die Aktivitäten der inneren Schicht im Idealfall wieder über das Web-2.0-Prinzip (Nutzung und Weiterverwendung von Content, z. B. über Tags, Verlinkungen, Kommentare) zu Reaktionen in den äußeren Schichten führen. Die Identifikation von Trends im Shirt-Design unterstützen Einträge im Blog oder Diskussionen im Forum, welche die Community aufgreifen und weiterverbreiten kann. Die „Zwiebelstrategie" nutzt folgende Social Media-Plattformen:

- *Interne Social Media:* Mitarbeiter aus Service, Produktmanagement und Social Media verwenden eine Software zur Wissensspeicherung und Konsolidierung von häufig geäußerten Kundenwünschen aus dem Forum und der Social Media-Analyse.
- *Unternehmenseigene Social Media:* Spreadshirt betreibt sowohl ein Forum in den Sprachen Deutsch, Englisch und Französisch als auch einen Blog in Niederländisch. Über das Forum bringen Partner Vorschläge ein und können diese kommentieren bzw. diskutieren (s. Abb. 2.15). Spreadshirt beteiligt sich an den Diskussionen und stellt selbst neue Beiträge ein. In den Blogs informieren Mitarbeiter beispielsweise über Marketingaktionen, aktuelle Aktivitäten oder Trends (s. Abb. 2.16). Links zu Facebook, Twitter oder Feeds verbinden die internen Social Media mit externen, um dort Postings zu generieren.
- *Freie Social Media:* Hier kommen die bekannten Social Media zum Einsatz. Im Service ergänzt Twitter klassische Kanäle wie Telefon oder E-Mail, wobei eine kurze Antwortzeit von maximal einem halben Tag im Vordergrund steht. Alle über zwei Nachrichtenaustausche hinausgehenden Interaktionen sollen zudem über die unternehmenseigenen Plattformen oder E-Mail erfolgen. Auf

 **BLOG.**

Die neuen Premium-Vorteile – Designer-Shops und mehr
von Leila | February 19, 2015 | Kategorie: Neuigkeiten für Shopbetreiber | 5 Kommentar(e)   Edit

Seit kurzem können alle Shopbetreiber kostenlos von den Funktionen des bisherigen Premium-Accounts profitieren. Hast Du Dich schon mit Deinen neuen Vorteilen vertraut gemacht? Um Dir den

Abb. 2.16 Beispiel für einen Blogeintrag und integrierte Verlinkungsoptionen bei Spreadshirt

YouTube finden sich weiterführende Informationen zur Marke, zu Prozessen und generelle Hilfestellungen (z. B. Screencasts zur Bedienung der Shop-Applikation, Informationsvideos zur Produktion oder zu neuen Produkten, Unterhaltungsvideos). Daneben sind hier auch die in den europäischen Kernmärkten veröffentlichten TV-Spots verfügbar. Auch Social Media wie Instagram, Pinterest und Flickr finden zum kommunikativen Austausch mit der Community Verwendung.

- *Zugriffsbeschränkte Social Media:* Facebook dient primär als Einstieg für Erstkontakte, zur Kommunikation von Neuigkeiten, zur Ankündigung von Werbeaktionen und als „Brücke" zum Shop, zum Forum und zum Blog. An der Pinnwand können Kunden oder Partner Kritiken, Fragen und Reviews posten. Außerdem verweist Spreadshirt in Facebook auf neue Einträge des Blog. Über eine Facebook-Shop-App können Partner zudem unmittelbar ihre Produkte anbieten.

2.3.3 Social CRM-Anwendung

Social CRM bei Spreadshirt zielt auf die Aktivierung der Community durch die Partner und das Unternehmen selbst, die Multiplikation der Partner als „Co-Creators", die Ableitung von Trends und Kundenpräferenzen und die Nutzung von

Social Media als Distributionsplattformen. Letztere zielen auf eine hohe Konversionsrate von Interaktionen auf Social Media und anderen Kanälen (z. B. Online-Shop, Callcenter) in getätigte Umsätze.

Im **Marketing** betrifft dies vor allem das Kampagnenmanagement. Kampagnen, wie die Promotion von bestimmten Themen bzw. Motiven, bilden ein wichtiges Element zur Verkaufsunterstützung in der Community und zur Verstärkung der aus der Community stammenden Designs. So erzeugt etwa ein Thema in Leitmedien wie dem „Spiegel" Resonanz in Twitter, die Spreadshirt-Mitarbeiter wiederum in Kampagnen oder Mailings an Partner weiterleiten, damit diese sie in ihren Entwürfen aufgreifen können. Zur Beurteilung einer Kampagne stellt Spreadshirt die Social Media-Metriken (Anzahl Blogeinträge oder Twitter-Beiträge) und Kosten einer Social Media-Kampagne den realen Absatzzahlen über die (elektronischen) Shops und Marktplätze gegenüber. Die Auswertung aller Postings nach dem Schlüsselwort „Spreadshirt" liefert weitere Einblicke in aktuelle, für Spreadshirt relevante Themen. Ferner kann Spreadshirt über die Auswertung der Mini-URLs auch die Verbreitung der Postings sowie die Anzahl von Personen, die sich zu dem Thema austauschen, nachverfolgen.

Im **Verkauf** strebt Spreadshirt einen möglichst breiten Marktzugang und die Verknüpfung von Interessenten mit passenden Partnern an:

- *Zielgruppenspezifische Distributionskanäle:* Der über die Spreadshirt-Homepage und deren nationale Ausprägungen zugängliche Webshop zeigt die Produkte in einer Baumstruktur und über eine Suchfunktion. Neben Angaben zu T-Shirt und Preis sind Informationen zum Design und, falls vorhanden, ein Link zu einem eigenen Shop des Designers enthalten. Partner können den Webshop und Produkte über eigene Präsenzen verlinken. Die enge Einbindung von Partnern ermöglicht Spreadshirt ein umfassendes Produktsortiment.
- *Verknüpfungen mit Partner-Shops:* Spreadshirt bietet Partnern sowohl kostenlose Shop-Konfigurationen (s. Abb. 2.17 links) als auch das Anbinden von Shops über Programmierschnittstellen (API) an die Spreadshirt-Plattform an.
- *Facebook-Shop:* Neben dem eigenen E-Commerce-Shop betreibt Spreadshirt eine Shop-Lösung über Facebook, die den gesamten Such- und Bestellvorgang mit Auswahl- und Warenkorbfunktionalität abbildet (s. Abb. 2.17 rechts). Den Facebook-Shop können auch Partner in ihre Facebook-Seite einbetten, wodurch dieser auch in den Communities der Partner verfügbar ist.

Abb. 2.17 Shop eines Designers über den Shopbaukasten (links) und Warenkorb des Spreadshirt-Facebook-Shop (rechts)

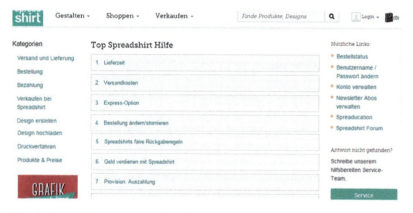

Abb. 2.18 FAQ-Webseite mit beispielhaften Einträgen

Im Bereich **Service** zielt Spreadshirt auf die proaktive Bereitstellung von Informationen und die zeitnahe Reaktion bei Anfragen:

- *Produkt- und Serviceanfragen:* Anfragen zum Produktsortiment oder den Produktions- und Verkaufsprozessen versucht Spreadshirt, bei potenziellem Interesse für andere Nutzer, über Social Media und anderenfalls direkt über E-Mail oder Chat zu beantworten. Servicemitarbeiter können auch Folgeaktivitäten wie die Aufnahme neuer Produktvarianten in das Produktsortiment veranlassen, über eine Inhaltsanalyse die Dialoge im Kundendienst bezüglich häufiger Fragen und Probleme auswerten und Antworten dann in Form von FAQ auf einer Webseite (s. Abb. 2.18 links) oder als YouTube-Video für die Community bereitstellen.

- *Servicemanagement:* Durch ein Ticketsystem für das interne Wissens- und Aufgabenmanagement sind Anfragen nicht nur im Servicebereich, sondern auch in anderen Abteilungen (z. B. dem Produktmanagement) verfügbar. Dadurch können Servicemitarbeiter andere Abteilungen für weiterführende Informationen zu den Anfragen kontaktieren. Ebenso enthält das System sämtliche Fehler, die bei der für alle Produkte obligatorischen Prüfung auffallen, um ggf. weitere Maßnahmen einleiten zu können. Fällt etwa ein genereller Fehler auf, erfolgt eine Erklärung oder eine Lösungsmöglichkeit über einen geeigneten Social Media-Kanal (z. B. Twitter, YouTube). Gleichzeitig nutzt die Community die Videos, um Nutzern selbstständig Hilfestellungen zu geben.

- *Kooperativer Support:* Im Forum engagieren sich auch die Partner selbst und unterstützen andere Partner durch die Beantwortung ihrer Fragen oder durch die Verlinkung von bereits bestehenden Lösungsvorschlägen. Durch die aktive Mitarbeit der Partner können sich die Spreadshirt-Mitarbeiter auf die neuen oder bisher noch nicht gelösten Anfragen konzentrieren.

Bezüglich der **übergreifenden Prozesse** sind auch bei Spreadshirt drei Bereiche anzutreffen:

- *Marken- und Reputationsmanagement:* Einen Schwerpunkt zur Positionierung von Produkten in Blogs und Foren bildet Facebook. So erhalten primär Interessenten und Erstkunden über die Empfehlung von Freunden oder über Links in anderen Medien den Link zur Spreadshirt-Präsenz, die Neuigkeiten und Anfragen (mit möglichst direkten Antworten) aus der Community liefert. Darüber versucht Spreadshirt diese Kunden auch an die eigenen Social Media heranzuführen. Zahlreiche Partner betreiben zudem eigene Facebook-Seiten, um ihre Produkte und Kunden anzusprechen. Diese Shop-Auftritte sind teilweise mit den Facebook-Seiten von Spreadshirt verlinkt. Das Monitoring von Facebook verschafft Spreadshirt einen Überblick über aktuelle Ereignisse, lässt Rückschlüsse auf die Wirkung von Postings zu und liefert Hintergründe über die Struktur der Community.

- *Produkt- und Innovationsmanagement:* Zunächst legt Spreadshirt fest, welche Grundprodukte der Katalog enthält. Das Social Web erlaubt dazu eine kundennahe Beurteilung mittels direkter Nutzerbefragungen und der Resonanzanalyse auf Postings. Dazu führt Spreadshirt regelmäßige Umfragen durch und diskutiert neue Themen mit Partnern und Kunden, um damit bereits vor dem eigentlichen Verkaufsstart Rückmeldungen aus der Community zu erhalten. Zusätzlich finden regelmäßige Nutzertests mit Kunden und Verkäufern statt.

- *Community-Management:* Eine Voraussetzung für eine aktive Community bildet die proaktive und transparente Kommunikation gegenüber den Partnern. Zu den bereitgestellten Informationen zählen Interviews mit erfolgreichen Shop-Betreibern über deren Erfolgsstrategien (z. B. CuteMonsters über die Nutzung von Social Media), Videos zu konkreten Fragen oder Hintergrundinformationen über Spreadshirt (z. B. zum Druck der T-Shirts). Einige Spreadshirt-Mitarbeiter im Social Media-Marketing besetzen Themengebiete (z. B. zu Modetrends) mit eigenen Blogs und liefern darüber eine kontinuierliche Unterstützung der Community.

2.3.4   Social CRM-Infrastruktur

Spreadshirt besitzt eine um die Shop-Lösung herum gewachsene Softwareinfrastruktur, die auf angepassten Open Source-Lösungen sowie vielfältigen Eigenentwicklungen beruht. Zu ersteren zählt die Pentaho Suite für Business-Intelligence-Analysen, zu Letzteren das gesamte Frontend für Shop und Marktplatz sowie das Content Management-System (CMS). Das CRM-System besteht aus einer eigenerstellten Administrationsoberfläche für Kundenprofile, die das Social Media-Management- und Analyse-Werkzeug CoTweet ergänzt. Beispielsweise speichert CoTweet die Kontakthistorie für die wichtigsten Social Media. Zum Social Media-Monitoring kommen zusätzlich Social Mention und Omniture/Adobe Analytics (insbesondere für Webtracking und Social Analytics) zum Einsatz. Das Monitoring basiert auf schlagwortbasierten Suchanfragen mittels Social Mention. Zusätzlich filtert Spreadshirt in Twitter Postings mit dem Hashtag Spreadshirt (#spreadshirt) und beantwortet diese nach einer manuellen Analyse bei Bedarf. In ähnlicher Form erfolgt dies für weitere Social Media mittels verschiedener Social Media-Monitoring-Tools. In Blog, Forum und auf der Facebook-Seite erfolgt das Monitoring direkt durch Mitarbeiter. Das Forum unterstützt ein angepasstes WoltLab Burning Boardsystem und den Blog die Software WordPress, die auch die Verwaltung mehrerer Blogs ermöglicht. Im Service-Bereich kommen Xtramind sowie ein Wiki zum Einsatz. Insgesamt realisiert die mit begrenztem Kostenaufwand erstellte Infrastruktur ein einfaches Monitoring und die direkte Interaktion in allen CRM-Kernprozessen. Grenzen ergeben sich allerdings aufgrund der aus mehreren Insellösungen bestehenden Architektur bei der Prozessintegration und -automatisierung, die auf manuellen Tätigkeiten sowie den von den jeweiligen Mitarbeitern bevorzugten IT-Werkzeugen beruht.

2.4 Social CRM bei Deutsche Telekom

2.4.1 Unternehmen

Die Deutsche Telekom AG (DT) ist eines der weltweit führenden Telekommunikationsunternehmen. Als Tochterunternehmen der Telekom AG bedient sie Privat- und Geschäftskunden in Deutschland mit den Geschäftsbereichen Festnetz, Mobilfunk, DSL, mobiles Internet und IPTV. Sie betreibt 20,3 Mio. Festnetzanschlüsse, 12,5 Mio. Breitbandanschlüsse und versorgt 39,8 Mio. Mobilfunk-Nutzer (Stand Q3/2015). Auch die DT besitzt mittlerweile eine mehrjährige Erfahrung mit Social Media und hat eine dedizierte Organisationseinheit („Social Media Service Center") aufgebaut.

2.4.2 Social Media-Einsatz

Mehrere Bereiche des Unternehmens setzen Social Media ein. Im Personalwesen dienen sie vor allem der Ansprache neuer Mitarbeiter über Stellenausschreibungen oder für eine aktive Suche nach Bewerbern. Unternehmenskommunikation und Marketing nutzen soziale Medien ergänzend zu klassischen Medien für die Öffentlichkeitsarbeit, zur Imagepflege und zur Publikation von unternehmens- oder produktbezogenen Informationen. Es finden sich interne wie externe Plattformen:

- *Interne Social Media:* Intern nutzt die DT z. B. ein Wiki, eine Blog-Plattform und ein soziales Netzwerk Namens „Telekom Social Network" auf Basis von Jive. Auf diesen internen Social Media waren 2015 bereits mehr als 100.000 Benutzer registriert. Es existieren ein offener Bereich für alle Mitarbeiter sowie geschlossene Bereiche für Benutzer bzw. Projektgruppen.
- *Unternehmenseigene Social Media:* Die DT betreibt mehrere eigene Plattformen. Aufbauend auf ersten Einzelplattformen, wie dem Service-Forum im Hilfe-Bereich, der „Feedback Community" und einer Community für Geschäftskunden, entstand mit der „Telekom hilft!"-Community daraus eine umfangreiche Wissensdatenbank zu unterschiedlichen Themenbereichen mit über 1,4 Mio. beantworteten bzw. gelösten Kundenanfragen (Stand 2015). Während sich das

Service-Forum an technikaffine Kunden richtet, deckt die Feedback-Community eher allgemeine Fragen ab. Im „Telekom hilft!"-Forum können Kunden Fragen stellen und es existiert ein eigener Bereich für Geschäftskunden. Ein Service-Blog ergänzt das Forum, der u. a. zur redaktionellen Aufarbeitung von Themen dient, die Mitarbeiter nicht final auf Twitter oder Facebook erörtern können. In weiteren Blogs verbreitet die DT außerdem Nachrichten über den Konzern, seine Mitarbeiter/innen oder zu Karrierethemen, die wiederum Blog-Nutzer kommentieren können. Schließlich ist auf mehreren Webseiten der DT über eine Chat- sowie eine Videofunktion der direkte Kontakt zu einem Mitarbeiter möglich.

- *Freie Social Media:* Die DT betreibt mehrere Kanäle bei Twitter (s. Abb. 2.19), worüber Telekom-Redakteure zu Themen wie Unternehmenskommunikation, Investor-Relations oder den Telekom Laboratories Beiträge verfassen. Zudem findet Twitter im Service und im Personalmarketing Verwendung. In Google Places hat DT außerdem Angaben zum Standort der Telekomshops (z. B. Adressen, Karte, Öffnungszeiten, s. Abb. 2.20 links) hinterlegt. Eine Kommentarfunktion ermöglicht dann den Austausch über diese Shops. Die DT

Abb. 2.19 Auszug der DT-Twitter-Kanäle (Deutsche Telekom 2014)

Telekom hilft
Hier hilft das Telekom Service-Team in der festen Überzeugung. dass Service mit 140 Zeichen geht.
🔲 Telekom hilft

Deutsche Telekom
Hier gibt es Aktuelles von der Pressestelle der Deutschen Telekom auf Deutsch und Englisch.
🔲 Deutsche Telekom
🔲 Deutsche Telekom Group (Englisch)

Investor Relations
Der offizielle Deutsche Telekom Investor Relations Twitter Feed.
🔲 Deutsche Telekom Investor Relations

Telekom Karriere
Karriere bei der Telekom heißt: "The Great Experience". Hier bekommen Sie täglich neue Jobangebote und Karrierenews direkt zu Ihnen nach Hause.
🔲 Telekom Karriere

Telekom Stiftung
Die Deutsche Telekom Stiftung gehört zu den großen deutschen Unternehmensstiftungen und engagiert sich bundesweit für eine Verbesserung der MINT-Bildung.
🔲 Telekom Stiftung

Telekom Laboratories
Informieren Sie sich über Neuigkeiten bei den T-Labs.
🔲 Telekom Laboratories

Abb. 2.20 Beispiel eines Telekom-Shops auf Google Places (links) und von „Grenzen gab's gestern" als Thema der „Erleben was verbindet"-Kampagne auf Flickr (rechts)

nutzt schließlich YouTube, um die Reichweite und Wahrnehmung von Inhalten und Botschaften rund um die Marke zu erhöhen (z. B. das Video der „Familie Heins"). „Telekom Hilfe"-Videos sollen eine professionelle und einfach zugängliche Unterstützung bieten. Bislang lassen sich die Videos allerdings nicht kommentieren und es existiert dafür kein UGC (z. B. Unboxing Videos) unter dem Branding der DT.

- *Zugriffsbeschränkte Social Media:* In Facebook hat DT mehr als 68.000 Fans und mehrere Profile für Marketing, Service und Personalmarketing angelegt, wie z. B. das Profil „Telekom hilft!" für einen interaktiven Service (Stand 2016). Auf Flickr ist die DT in Anlehnung an eine Kampagne u. a. mit der Gruppe „Erleben, was verbindet" präsent. Um die kreativere Community von Flickr anzusprechen, sollen regelmäßig vorgegebene Bilder und Themen (z. B. „längster Liebesbrief der Welt", „Leidenschaft für Fußball" oder „Grenzen gab's gestern", s. Abb. 2.20 rechts) zur Kreativität anregen. Zudem sind die DT-Shops in standortbezogenen Diensten („Location Based Services"), wie Foursquare oder „Facebook Orte", hinterlegt. Aufgrund der bisher fehlenden durchgängigen Bildsprache besitzt Instagram im Service-Marketing nur eine geringe Bedeutung.

2.4.3   Social CRM-Anwendung

Der von der DT eingesetzte Mix an Social Media unterstützt Social CRM in allen drei Anwendungsbereichen.

Im **Marketing** betrifft dies vor allem die leichte Verbreitung von Informationen, den direkten Kundenzugang für Zwecke der Markenwahrnehmung und das Kampagnenmanagement. Bei einer auf mehreren Social Media durchgeführten Kampagne (z. B. „Telekom, erleben was verbindet") verweist beispielsweise eine zentrale Kampagnen-Webseite auch auf weitere Inhalte in Facebook, Twitter und YouTube. Zusätzlich können Fotografen über Flickr Bilder zu definierten Themen austauschen und diskutieren. Die Kampagnendurchführung ist nur partiell softwaregestützt und in der Regel nicht auf Social Media beschränkt. In unregelmäßigen Abständen erfolgt eine Analyse von Struktur und Interessen der Follower, z. B. mit dem Social CRM Werkzeug BuzzRank.

Im **Verkauf** nutzt die DT Social Media vor allem im Rahmen der Shop-Strategie für Aktionen und zur Unterstützung der bestehenden Kanäle:

- *Verkaufsunterstützung:* Da weder über Facebook noch über Twitter ein direkter Verkauf vorgesehen ist, leiten die Mitarbeiter entsprechende Anfragen an die zuständige Organisationseinheit (z. B. Filiale) weiter. Wenn es zur Lösung eines Kundenproblems beiträgt empfehlen Mitarbeiter über Social Media Produkte oder Dienstleistungen. Außerdem nutzen Service und Marketing sogenannte „Dark Postings". Bei dieser Kommunikationsform in Facebook werden Nachrichten zwar gepostet, sie treten aber nicht in der Timeline der Quelle auf. Dadurch ist die sendende Facebook-Präsenz nicht mit Werbung „überfüllt" und Nutzer können dennoch kommentieren.
- *Unterstützung der Shops:* Die DT nutzt „Facebook Orte" oder Foursquare, um die (realen) Telekomshops im Internet bekannt zu machen. Kunden können über mobile Endgeräte oder direkt am PC in die Shops „einchecken" (s. Abb. 2.21

Abb. 2.21 „iPhone refurbished" - Angebot (links) und Beispiel des Flagship Store in „Facebook Orte" mit Kampagnen (rechts)

rechts). Außerdem dient der Telekom Shop auf Facebook (facebook.com/tele-komshop) mit aktuellen Angeboten, Produkten und Nachrichten als Schaufenster der Telekom-Shops im Social Web.

- *Angebotsmanagement:* Die DT nutzt Facebook zur Durchführung von Verkaufsaktionen („Facebook Events", „Competitions"). So konnten Kunden bei der „iPhone refurbished"-Aktion ein neuwertiges, generalüberholtes iPhone mit einem Vertrag für € 1 erhalten (s. Abb. 2.21 links)

Im Bereich **Service** ist die DT als Flächendienstleister an einem effizienten Kundenservice interessiert, der aufgrund der hohen Nutzerzahl häufig auftretende Probleme frühzeitig erkennt und zur Vermeidung von viralen Effekten zeitnah darauf reagieren kann. Im Kundendialog möchte die DT durch einen Multikanal-Ansatz langfristig eine Wahlfreiheit für Kunden realisieren, damit diese selbst bestimmen können, wann und wie sie kommunizieren möchten. Das sogenannte A(lert-)Team unterstützt die Abteilung, indem es zur Identifikation von DT-bezogenen Themen unter dem Schlagwort „Digital Outbound" auf ca. 5.000 Zeilen semantischen Codes aufbaut. Um eine hohe Relevanz sicherzustellen, analysiert es auf den Kundendienst bezogene Begriffe (z. B. „geht nicht", „offline") und Produktbezüge (z. B. Telekom, dtag) hinsichtlich möglicher Serviceanliegen in über 500.000 Quellen. Zu den wesentlichen Einsatzbereichen im Kundenservice zählen:

- *Produkt- und Serviceanfragen:* Bei passiven Dialogen meldet sich ein Kunde mit einer Frage oder einem Problem. Darauf reagiert ein Mitarbeiter und löst

Abb. 2.22 Anfragen eines Kunden auf Twitter und eine Antwort des Kundendienstes

die Problemstellung direkt bzw. bringt die Lösung in Erfahrung. „Telekom hilft!" stellt hier einen zentralen und moderierten Anlaufpunkt für Serviceanfragen dar. Bestehende oder potenzielle Kunden können über Social Media Fragen stellen, welche die DT zeitnah beantwortet (z. B. Abb. 2.22). Der kundenseitige Teil des Dialogs ist öffentlich für die Freunde und Follower des Kunden, die auch die Reaktion des DT-Mitarbeiters sehen können. Die Interaktion erfolgt mittels der Social Media-Identität, d. h. persönliche Informationen, wie Telefonnummer oder E-Mail-Adresse sind dazu nicht erforderlich. Sollte dies der Fall sein, so findet ein Wechsel in die Messaging-Funktion von Facebook oder zu E-Mail statt. Bei zu komplexen Problemen für eine Beantwortung über Twitter erhält der Kunde einen Link zu einem Video Chat. Als Vorteil zeigt sich die höhere Vertrautheit und Emotionalität durch den Blickkontakt. Bei komplexeren Anfragen, erstellt der Mitarbeiter ein Service-Ticket und übergibt die Anfragen an den regulären Support.

- *Pro-aktiver Support:* Bei aktiven Dialogen recherchieren Mitarbeiter im Social Web nach Kundenbeschwerden und Mitarbeiter versuchen diese zu lösen bevor sie viral werden. Dies war beispielsweise bei der Gruppe „TOD – Telekom Opfer Deutschland" erfolgreich der Fall.
- *Kundenfeedback:* Zu häufig und akut auftretenden Anfragen („Hot Topics") verfassen die Mitarbeiter auch initiativ Postings oder Videos. Ziel ist eine zeitnahe Rückmeldung an den Kunden bzw. die Community, um einerseits virale Effekte und negative Imagewirkungen zu vermeiden und andererseits positive Bewertungen zum Handeln des Service zu erhalten. Hierbei unterstützen die Chat- und Videofunktion des „Telekom hilft!"-Teams sowie Videos, insbesondere in Ad-hoc Situationen. Bei konkreten Problemen versucht die DT innerhalb von vier Stunden ein professionelles Video (Ausleuchtung, inhaltliche Aufbereitung) zu erstellen und damit einerseits eine höhere Aufmerksamkeit und Reichweite zu erreichen und andererseits die verbundene Kommunikation insgesamt positiv zu beeinflussen. Gerade gegenüber der Behandlung vieler Serviceanfragen fallen die Produktionskosten der Videos gering aus.

Zu den **übergreifenden Prozessen** liefern Social Media bei der DT folgenden Beitrag:

- *Unterstützung Produktentwicklung und -einführung:* Die DT führt anlassbezogene Analysen, z. B. zum Thema „Hybrid-Router", durch, um Stimmungsbilder über aktuelle Fragen und Probleme zu erhalten und damit die Produktentwicklung zu unterstützen. Ebenfalls finden gezielte Analysen zu potenziell kritisch konnotierten Themen statt, die dann als Frühwarnsystem oder als begleitender „Seismograph" dienen. Zielstellung ist eine Abschätzung der Themenentwicklung und die Vorbereitung von Maßnahmen zur Gegensteuerung.

- *Themenmanagement:* Auf den eigenen Kanälen stärker kommunizierte Themen sind Auslöser („Trigger") für tiefergehende Analysen (z. B. Sentiments oder Meinungen), die auch das (Top-)Management in Form von Handlungsmöglichkeiten zur Entscheidungsunterstützung erhält. So hat die Analyse der kritischen Diskussion zum Thema Motion-Logik (Verwendung von partiellen Profildaten zur Optimierung) im öffentlichen Nahverkehr geholfen mögliche Argumente für das Management zu identifizieren.
- *Community Support:* Neben dem direkten Austausch mit DT-Mitarbeitern bietet die Community über die Kommentarfunktion auch Kunden die Möglichkeit sich gegenseitig bei der Lösung von Problemen zu unterstützen. Ebenfalls versucht die DT Fragen auf externen Community-Plattformen zu identifizieren und zu beantworten sowie wichtige Communities auch direkt an das „Telekom hilft!"-Team anzubinden. Beispielsweise leitet das Konsumentenschutz-Portal ReclaBox die DT betreffende Beschwerden zur weiteren Bearbeitung an DT weiter.

2.4.4   Social CRM-Infrastruktur

Die Mitarbeiter im Social Media Service Center verwenden einen Standardarbeitsplatz der DT mit Werkzeugen wie E-Mail und Office sowie Anwendungen für spezifische Aufgabenstellungen (sog. Telekom-Standard-Anwendungen). Zur Verwaltung der Social Media-Aktivitäten in Facebook und Twitter ist die Businessversion von CoTweet sowie ein Social Media-System von BIG im Einsatz. Bei den Social Media-Agenten der DT ist die selbstständige Nutzung frei verfügbarer Tools verbreitet. Dazu zählen Google Alerts für das Monitoring von Schlagworten, LivePerson als Chatsoftware und Buzzrank, um Social Media-Kampagnen zu verfolgen und nach Reichweite zu untersuchen sowie, um Schlagworte und Sentiments zu analysieren. Weiterhin setzt DT Omniture Website Usage Tracking (Teil von Adobe Analytics) ein, um die Bewegungen der Kunden über die Onlinekanäle sichtbar zu machen und damit eine Grundlage für die Wirtschaftlichkeitsbetrachtung zu erhalten. Grundlage der „Telekom hilft!" Community-Plattform bildet die Software Lithium. Die interne Community basiert auf Jive und die Pflege der Telekomshops in Facebook und Foursquare erfolgt über die Webinterfaces dieser Social Media-Plattformen. Die Kundendaten verbleiben damit bei den Social Media-Anbietern.

Aus Sicht des Social CRM findet derzeit noch keine Verbindung mit dem CRM-System der DT statt. Langfristig ist eine Zusammenführung erforderlich, aber kurzfristig ist das Ziel, dass innerhalb der digitalen Kommunikationskanäle jedem „Telekom hilft!"-Mitarbeiter alle relevanten Informationen für den Aufbau eines Dialoges mit dem Nutzer vorliegen. Die Social Media-Agenten haben dazu bereits teilweise Zugriff auf das Backend- und Frontend-System, um beispielsweise Service-Tickets oder Angebotsanfragen manuell eintragen zu können. Teilweise bilden die eingesetzten Systeme auch CRM-Funktionalitäten ab. So nutzen Mitarbeiter das BIG-System z. B. zur Pflege einer Historie von bisherigen Service-Kontakten.

2.5   Zusammenfassung der Fallbeispiele

Die vier Fallstudien illustrieren die Einsatzmöglichkeiten von Social Media, die als dritte Entwicklungsstufe des Internet (s. Abschn. 1.1) ein technisches Potenzial beschreiben, das alle Kernbereiche des CRM betrifft. Sie unterscheiden sich in ihrem Anwendungsbezug, der Nutzung von Social Media-Plattformen sowie der eingesetzten Werkzeuge und der Abstimmung der einzelnen Social CRM-Maßnahmen (s. Tab. 2.1).

Zunächst ist der Gegenüberstellung zu entnehmen, dass es sich bei den betrachteten Unternehmen sowohl um kleinere wie auch große Organisationen handelt. Unabhängig davon ist eine organisatorische Einbettung der Social Media-Aktivitäten in gesonderte Unternehmensbereiche bzw. die Übertragung von Verantwortlichkeiten auf speziell geschulte Mitarbeiter zu beobachten. So versucht Dell mittels der Interaction Center zentrale Koordinationspunkte zu schaffen und durch die Schulung von möglichst vielen Mitarbeiter im Umgang mit Social Media die gesamte Organisation in die Lage zu versetzen, über Social Media das Unternehmen zu repräsentieren. Ebenso hat Spreadshirt erste Schritte mit kleineren Teams realisiert und beabsichtigt sukzessive den Einbezug von Mitarbeitern mit Fachwissen (z. B. zur Erstellung von Blogbeiträgen, Beantwortung von schwierigen Anfragen). Das zentrale Callcenter zur Bearbeitung von Social Media bei der DT illustriert, wie eine solche Verbindung zwischen Fachbereichen und Social Media-Abteilung aussehen könnte.

Bezüglich der Unterstützung der **CRM-Kernprozesse** zeigen die Fallbeispiele Anwendungsmöglichkeiten in allen Bereichen, jedoch keine vollständige durchgängige Realisierung. Klare Schwerpunkte finden sich in den Bereichen Marketing und Service.

Tab. 2.1 Analyse der Fallstudien

	Cyberport	Dell	Spreadshirt	Telekom
Unternehmen				
Kennzahlen				
• Gründung und Sitz	1998, Dresden	1984, Round Rock	2002, Leipzig	1995, Bonn
• Mitarbeiter (ca.)	600	111.300	500	68.754
• Umsatz (2013)	€ 548 Mio.	€ 46 Mrd.	€ 72 Mio.	€ 50 Mrd.
Organisation des Social CRM	Zentrale Social Media-Abteilung mit Verknüpfung zu Fachbereichen.	Mitarbeiter-Qualifikationsprogramm und zentrale Unterstützung	Zentrale Abteilung „Social Marketing" mit Verknüpfung zu Fachbereichen	Zentrale Abteilung mit Verknüpfung eines Call-centers für Social Media
Einsatz von Social Media-Plattformen				
Intern und selbst gehostet	◑	●	●	●
Freie und zugriffsbeschränkt	●	●	●	●
Schwerpunkt	Soziale Netzwerke, Microblogs, Blogs	Eigene Plattformen, Microblogs	Foren, Blogs, soziale Netzwerke	Foren, soziale Netzwerke, Microblogs
Unterstützte CRM-Prozesse				
Kampagnenmanagement	●	◑	◑	◑
Leadmanagement	◑	●	◑	◑
Angebotsmanagement	◑	◑	○	◑
Servicemanagement	◑	●	●	●
Beschwerdemanagement	◑	●	◑	●
Feedbackmanagement	◑	●	●	●

(Fortsetzung)

Tab. 2.1 (Fortsetzung)

	Cyberport	Dell	Spreadshirt	Telekom
Übergreifende Prozesse				
• Produktmanagement	◐	●	●	●
• Innovationsmanagement	○	●	●	◐
• Entscheidungsunterstützung	○	◐	○	●
• Communitymanagement	◐	●	●	●
• Markenmanagement	◐	●	●	●
• Event/Alert-Management	◐	●	◐	●
• Marktforschung	○	◐	◐	◐
Technische Unterstützung				
Nutzung der Plattformfunktionalitäten	●	◐	●	◐
Eigenentwickelte Lösungen	○	●	●	○
Spezialisierte Software	◐	●	◐	●
Beispiele für bisher eingesetzte Systeme	Google Analytics, Groupware	Radian 6/Salesforce, Google Alerts, Social Bakers, Strategic Oxygen, Sprinklr	Pentaho Suite, Co-Tweet, Social Mention, Omniture, WoltLab, Wordpress, Xtramind	Co-Tweet, BIG, Google Alerts, Jive, Buzzrank, Google Alerts, LivePerson, Omniture, Lithium
Form der Integration zwischen Systemen	Manuell über Mitarbeiter und Groupware	Über Systemfunktionalitäten und eigenentwickelte Lösungen	Manuell über Mitarbeiter und Groupware	Über Systemfunktionalitäten und manuell über Mitarbeiter und Groupware

Legende: Schwerpunktmäßig abgedeckt ●, teilweise abgedeckt ◐, gering oder nichtt abgedeckt ○

- Im *Marketing* finden sich vor allem Anwendungen zum Kampagnen- und Leadmanagement. Die Inhalte des Social Web ergänzen die klassische Marktforschung um die Möglichkeit zur Analyse von Individualbedürfnissen und zur Erkennung von Trends und Nischenmärkten. Zur Ausführung von Kampagnen bieten Social Media den Vorteil einer hohen Reichweite und einer kontinuierlichen Rückmeldung des Kampagnenerfolgs (z. B. Anzahl der Likes), sodass Unternehmen auch während der Kampagne auf unvorhergesehene Entwicklungen reagieren können. Wie die Beispiele Dell und Telekom zeigen, bietet vor allem die Integration eines Social Media-Kanals zusätzlich zu einem anderen klassischen Kanal (z. B. Veranstaltung, TV), den Vorteil eines begleitenden Monitorings. Für die Generierung von Kontakten (Leadmanagement) nutzen Unternehmen Social Media zur Stimulierung und Entwicklung von Kaufabsichten, etwa durch gezielte Angebote über Twitter oder Facebook wie im Fall von Dell und Cyberport, die auf das Produktsortiment aufmerksam machen und zu ersten Käufen einladen bzw. die Nutzer aus dem Social Web in die eigentlichen E-Commerce-Shops führen.
- Im *Verkauf* schaffen Social Media die Möglichkeit mit Interessenten und bestehenden Kunden in Kontakt zu bleiben, weitere Käufe durch gezielte Ansprachen zu stimulieren und aus Anfragen oder Interaktionen spontan entstehende Verkaufsgelegenheiten zu generieren. Beispielsweise können bei Dell Kunden über Social Media ihre Anfragen beginnen und Dell leitet diese bei Bedarf an Mitarbeiter zur Beratung oder an Experten weiter. Zudem können Kampagnen wie etwa die Freitags- oder Sonderangebote bei Cyberport zu zusätzlichen Verkaufsgelegenheiten führen und die Aufmerksamkeit unmittelbar auf den Shop richten. Eine andere Nutzungsform stellt im Beispiel von Spreadshirt die Bereitstellung von Apps dar, mittels derer Social Web-Nutzer Produkte eines Unternehmens über eigene Präsenzen (z. B. Facebook) vertreiben können. Gleichzeitig können alle Maßnahmen zu einem verbesserten Monitoring der Nutzeraktionen im Sinne einer „Customer Journey" (z. B. Angebot über Twitter mit Link auf den Webshop oder in Facebook eine Weiterverteilung zu Freunden) und dadurch zu einer Vervollständigung der Profilinformationen beitragen.
- Im *Service* zeigt sich der Nutzen von Social Media vor allem im Aufgreifen spontaner Anfragen und in einer unmittelbaren Beantwortung von Fragen (s. Beispiele Dell und DT). Zudem können Nutzer von anderen Nutzern lernen und Serviceanfragen selbst bzw. untereinander beantworten. Neben der Anfrage und Lösung konkreter Probleme erweitern Social Media die Möglichkeiten zur Erkennung und Behandlung von Beschwerden. Als Anlaufstelle für

unzufriedene Nutzer kanalisieren die Social Media-Präsenzen die typischerweise weniger kontrollierbaren Beschwerden, sodass die Unternehmen damit systematisch umgehen können. Auch hier unterstreichen die Fallbeispiele die Notwendigkeit eines offenen Umgangs sowie das Vorhandensein eines Kommunikationskonzepts, um Eskalationen zu vermeiden und das Markenimage positiv zu beeinflussen. Ein weiteres verbreitetes Einsatzfeld ist das Feedbackmanagement. Während klassische Konzept, wie Umfragen, Ideenwettbewerbe oder „Sagen Sie uns ihre Meinung"-Aufrufe nur limitierte Möglichkeiten bieten, erschließen Unternehmen wie Dell oder Spreadshirt darüber die Kreativität der Social Web-Nutzer. So können Kunden Produktverbesserungen in der Community mit dem Unternehmen diskutieren oder sogar selbst in die Gestaltungsprozesse eingreifen.

Neben den CRM-Kernprozessen trägt der Social Media-Einsatz zu *übergreifenden Prozessen* bei. Im Innovationsmanagement lassen sich Erkenntnisse zu Marktbedürfnissen oder Produktbewertungen gewinnen und Produktinnovationen direkt mit Kunden umsetzen. In diesem Sinne nutzt die DT Erkenntnisse aus Social Media-Analysen zur Entscheidungsunterstützung, etwa zur Ableitung von Markttrends oder von Meinungsbildern. Community-Management ist ein weiterer Unterstützungsprozess für das Social CRM und umfasst die Gewinnung, Zusammenführung und Bindung von Personen an die Marke und ist in den Fallbeispielen eng mit den Social CRM-Aktivitäten abgestimmt. Für das übergreifende Markenmanagement kann das Social Web gezielt zur Stärkung und zur Emotionalisierung von Marken, beispielsweise bei der DT durch einen persönlichen Kommunikationsstil bei Anfragen oder die Unterstützung von Social Web-Nutzern durch Reviews oder Verlinkung bei Dell, beitragen. Abschließend verdeutlichen Spreadshirt und die DT die Einsatzmöglichkeiten zur frühzeitigen Erkennung von Ereignissen, die sich durch die Analyse der Kommunikation auf relevanten Social Media-Plattformen und die enge Zusammenarbeit mit Nutzern identifizieren lassen. Aus bestimmten (ggf. vordefinierten) Konstellationen lassen sich darüber zum Beispiel Warnungen („Alerts") für das Management oder die Fachbereiche erstellen.

Bei der Betrachtung verwendeter **Social Media-Plattformen** setzen alle vier Unternehmen sowohl unternehmenseigene als auch freie und zugangsbeschränkte Plattformen ein. Die Vielfalt deutet darauf hin, dass es damit einerseits eine möglichst breite Nutzergruppe zu erschließen gilt, andererseits aber die jeweiligen Plattformen unterschiedliche Verwendungszwecke erfüllen. Während sich interne Plattformen auf Verbindungen zwischen den eigenen Mitarbeiter konzentrieren, erlauben unternehmenseigene Plattformen eine Ausrichtung auf unternehmensspezifische Anforderungen, freie Plattformen die Kommunikation mit vielen Nutzern und zugangsbeschränkte Plattformen die Pflege von geschlossenen Gruppen. Der auch als Zwiebelmodell bezeichnete Ansatz von Spreadshirt illustriert die geordnete Verbindung zwischen den einzelnen Präsenzen und die Notwendigkeit der Definition von Übergangsbedingungen (z. B. dienen freie Social Media zur Interessentengewinnung und eigene Plattformen zur Kundenbindung).

Die **technische Unterstützung** zeigt ein heterogenes Bild, da die Fallstudienunternehmen zwar Open Source Social CRM-Werkzeuge einsetzen, gleichzeitig ein Trend hin zu mehr Investitionen in Software zu beobachten ist. So hat Dell mit einem breiten Einsatz von Social Media eine professionelle Infrastruktur aufgebaut und treibt gleichzeitig die Integration zwischen den beteiligten Systemen voran. Spreadshirt investiert gezielt in einzelne Funktionsbereiche wie die Analyse und das Management, nutzt für andere Bereiche hingegen frei verfügbare Werkzeuge. Eine Verbindung von Social Media mit CRM-Systemen über eine integrierte Plattform hatte zum Untersuchungszeitpunkt noch keines der Unternehmen umgesetzt. Im Vordergrund stand vielmehr die teilautomatisierte Analyse von Social Media, wobei mit der Anzahl von Social Media-Aktivitäten von einem wachsenden Integrationsbedarf auszugehen ist. Die Fallstudien von Cyberport und Spreadshirt zeigen jedoch einen ersten Integrationsschritt mit Blick auf eine weitere Professionalisierung und Erschließung neuer Einsatzfelder. Einen noch höheren Integrationsgrad weisen mit dem Aufbau eigener unternehmensspezifischer Integrations- und Analysekomponenten die Beispiele Dell und DT auf. Insbesondere die Fallstudie von Dell deutet mit der Etablierung einer umfassenden Organisationsstruktur und tiefer Prozessintegration über alle CRM-Anwendungsbereiche hinweg bereits in Richtung eines integrierten Gesamtsystems (s. Abschn. 2.5).

Social CRM-Anwendungssysteme

3

Wie die Fallbeispiele illustrieren, ist der Einstieg in das Social CRM bereits mit einfachen Mitteln möglich. So können Unternehmen ohne die Implementierung dedizierter Anwendungssysteme (AS) bzw. IT-Werkzeuge die Funktionalitäten der einzelnen Social Media-Plattformen verwenden und darüber Analysen und/ oder Interaktionen durchführen. Allerdings sind die Funktionalitäten in diesem Fall auf die jeweilige Plattform (z. B. Facebook) beschränkt, häufig nur wenig anpassbar und manuell durchzuführen. Sobald plattformübergreifende oder unternehmensspezifische Auswertungen und auch die Weiterverarbeitung im Vordergrund stehen, sind spezielle AS für das Social CRM sinnvoll. Diese extrahieren aus den offen (z. B. Social API, Open API) oder proprietär definierten Schnittstellen (API) der jeweiligen Social Media-Plattformen (s. Tab. 1.3) die Daten und machen sie einer automatisierten Weiterverarbeitung zugänglich. Letztlich ist damit auch die Voraussetzung für eine kontinuierliche Überwachung des Social Web und den Umgang mit großen Datenmengen (s. Abschn. 1.2) gegeben.

Mit der Evolution von Social Media und dem bestehenden heterogenen Begriffsverständnis im Markt, steht Unternehmen eine beinahe unüberschaubare Anzahl an AS für das Social CRM zur Verfügung (s. Tab. 3.1). Diese sind vor dem Hintergrund unterschiedlicher Einsatzzwecke entstanden und liefern einen fokussierten, teilweise auch gegenseitig überdeckenden Beitrag zu allen Bereichen des Social CRM. Grundsätzlich sind gerade in größeren Unternehmen CRM- und BI-Systeme vorhanden, während fokussierte Social Media-Werkzeuge erst seit dem Social Web existieren und noch wenig Integration aufweisen. Werkzeuge des Social Media Management oder des Social Media Monitoring erlauben es beispielsweise, Interaktionen über mehrere Kontaktpunkte nachzuverfolgen, die Relevanz von Inhalten zu beurteilen, Informationen in die interne Informationslogistik zu integrieren oder Social CRM-Aktivitäten planen, steuern und überwachen zu können (Reinhold und Alt 2011). Jedoch orientieren

© Springer-Verlag GmbH Deutschland 2016
R. Alt und O. Reinhold, *Social Customer Relationship Management,*
DOI 10.1007/978-3-662-52790-0_3

Tab. 3.1 Werkzeuge für das Social CRM

Einsatzzweck	Funktionsbeschreibung	Systembeispiele mit Schwerpunkten (s. Tab. 1.5)
Business Intelligence (BI)	Auswertung und Darstellung operativer Daten zur Entscheidungsunterstützung, z. B. Auswertungen zur Anzahl der Nennungen von Schlagworten, Likes, zu Zeitpunkten etc.	SAS (2), Microstrategy (2), QlikView (2)
Community Management	Erstellung und Verwaltung von Communities oder Foren, z. B. zur Planung und Verfolgung von Aktivitäten in mehreren Social Media-Plattformen	Lithium Technologies (1;2;3;5), GetSatisfaction (1;3;5), Jive (1;3;4;5)
CRM-System	Unterstützung des Kundenlebenszyklus mit vier Aufgabenbereichen (s. Abschn. 1.3), wobei Social Media z. B. zur Team-Kommunikation, Stammdatenergänzung oder Initiierung von Prozessen, einfließen	Salesforce CRM (2;3;4;5), Microsoft CRM (2;3;4;5)
Social Media Management	Verwaltung von Profilen auf unterschiedlichen Plattformen und Vereinfachung der Kommunikation durch Posting-Scheduler oder Möglichkeiten zum Mehrfachversand	Viralheat (2;3;5), CoTweet (2;3), Sprout Social (2;4;5)
Social Media Monitoring	Auswertung von Social Media-Inhalten mittels vordefinierter Algorithmen nach Meinungen/Stimmungen bzw. Sentiments, Themenschwerpunkten oder Nutzeraktivität (z. B. Meinungsführer bzw. „Influencer")	Falcon Social (1;2;3;5), Synthesio (2;3), BIG (2;3;4;5) Overtone (2;5), Sysomos (2;5), Gigya (2;3;5), Omniture/ Adobe Analytics (2;3;5)
Social Network Analysis	Auswertung der Verknüpfung von Postings und Verfolgung von Autoren über mehrere Social Media-Plattformen hinweg zur Verfolgung von Autoren mit Identifikation von Themenschwerpunkten, Beziehungen und Auswirkungen einzelner Inhalte auf Diskussionen	KXEN (2), Bottlenose (2), Network Insights (2)
Social Search	Recherche von Blogs mittels Stichworten oder Themen und Navigation durch Social Web-Angebote sowie Identifikation relevanter Inhaltsbereiche	Social Mention (2)

In Anlehnung an Alt und Reinhold 2012, S. 284
Legende mit Bezug zu Aufgabenbereichen (s. Tab. 1.5): 1 = Social Media; 2 = Analyse;
3 = Interaktion; 4 = Kundenbeziehungsmanagement (CRM); 5 = Management/Integration

sich die bestehenden Analysewerkzeuge an den exportierbaren Datenelementen (s. Tab. 1.3): während statistische Auswertungen (z. B. Anzahl Follower, Likes, Worthäufigkeiten) nur geringe Anforderungen stellen, erfordern semantische Auswertungen (z. B. Aussagen, Meinungen, Stimmungen) aufgrund der inhaltlichen Interpretationsprobleme einen höheren Einrichtungsaufwand für automatisierte Auswertungen. Einfache schlagwort-basierte Verfahren, führen zwar zu ersten Ergebnissen, insbesondere die interpretierten Inhalte in Form von sog. Sentiments (z. B. positive/negative Meinungen) und Klassifikationen, erfordern aber die Kombination mit fortgeschrittenen Verfahren der Textanalyse („Text Mining").

Für das Social CRM sind jedoch weder die Analyse- noch die Interaktionsfunktionalitäten alleine ausreichend. So enthalten AS vorhandene Daten über Kunden (z. B. Kundenhistorie, -profil, -wert, -beziehungen) sowie Aktivitäten (z. B. Anfragen, Käufe, Kampagnen, Beschwerden) und bilden die Abläufe (z. B. Beratungs-, Verkaufs-, Serviceprozesse) ab. Sie sind vielfach mit den betrieblichen Backend-Systemen (z. B. Enterprise Resource Planning, ERP) zum Austausch von Stamm- und Bewegungs- bzw. Auftragsdaten verbunden. Gegenüber den in Social Media erhobenen Daten sind sie i. d. R. in der Qualität hochwertiger bzw. validierter und lassen sich daher nicht unmittelbar mit den Daten aus dem Social Web verknüpfen. So ist bereits aufgrund der Verwendung von Pseudonymen anstatt von Klarnamen die Zuordnung eines Nutzers im Social Web zu einem vorhandenen Kundenstammsatz nicht direkt, sondern allenfalls durch Kontextwissen mit einer bestimmten Wahrscheinlichkeit, möglich.

Einen Überblick über die verfügbaren Werkzeuge zeigt Tab. 3.1. Vielfach handelt es sich nicht zuletzt aufgrund der Integrationsprobleme von Social Media-Daten um spezialisierte AS, jedoch haben sich nach zahlreichen Übernahmen (z. B. Radian6 durch Salesforce, KXEN durch SAP) ressourcenstarke Softwarehersteller um die Integration von Analyse- und Interaktionsfunktionalitäten bemüht. Ebenso bieten diese Systeme Grundfunktionalitäten für das Social CRM, die sich durch Spezialanwendungen sowie über Dienstleistungen und Apps von Partnern erweitern lassen.

3.1 Systembeispiele

Nachfolgend seien mit Falcon Social, Microsoft CRM und Viralheat drei ausgewählte Standard-AS bezüglich ihrer Einsatzmöglichkeiten für das Social CRM dargestellt. Diese drei Systeme zeigen Beispiele für das Zusammenwachsen von

Funktionalitäten ausgehend von den Bereichen Social Media Monitoring, Social Media Management und CRM-System (s. Tab. 3.1).

3.1.1 Falcon Social

Die Funktionalitäten von Falcon Social (Stand 2015) umfassen das Überwachen von Social Media-Plattformen sowie die Interaktion darüber, das Veröffentlichen und Bewerten von Social Media-Inhalten und ein zentrales Ressourcenmanagement zur Zusammenarbeit von Teams und zur Vordefinition von Workflows. Die Falcon Social-Daten stammen aus öffentlich verfügbaren Daten zahlreicher Social Media-Plattformen, sodass sich insgesamt mehr als 4,5 Mio. Quellen durchsuchen und überwachen lassen. Aus funktionaler Sicht deckt das Cloud-basierte Falcon Social den Analyse-, Management- und Interaktionsprozess über Social Media ab und geht damit über reine Analysewerkzeuge hinaus. Die Kernfunktionalitäten bilden fünf Module ab (s. Tab. 3.2):

- Das *„Listen"-Modul* bietet die Möglichkeit interaktive Listen als Projekte anzulegen. Damit lassen sich Diskussionen (z. B. über die Marke oder Produkte) überwachen und Kundendienst-Anfragen oder Kontaktmöglichkeiten für das Marketing erkennen. Zu den Funktionalitäten zählen Livestreams, individuell anpassbare Filter sowie Sentiment-Indikatoren (s. Abschn. 3.2.2).
- Das *„Publish"-Modul* erlaubt die Erstellung von Inhalten und das Publizieren über Social Media-Plattformen. Zentrales Element zum Veröffentlichen ist der Social Media-Kalender (s. Abb. 3.13), der die geplanten und durchgeführten Aktivitäten im Überblick zeigt. Ein Editor für Inhalte („Content Editor"), zur Definition von Workflows, Funktionen zur Verkürzung von URLs („URL Shortener") sowie ein Pool für wiederverwendbare Inhalte („Content Pool") ergänzen das Modul.
- Aufbauend auf den Funktionen des „Listen"-Moduls ermöglicht das *„Engage"-Modul* die Verfolgung und das Management von Konversationen und soll vor allem Community-Manager und Teams bei der Zuteilung und Priorisierung von Aufgaben unterstützten. Vorlagen für Interaktionssituationen („Engagement Templates") dienen der Automatisierung und Strukturierung von Workflows.
- Zur Bewertung und Überwachung von Aktivitäten bietet das *„Measure"-Modul* Funktionalitäten zum Benchmarking oder Influencer Scoring sowie zur Erstellung entsprechender Berichte. Analysen sind plattformbezogen sowie -übergreifend möglich.

Tab. 3.2 Funktionsübersicht Falcon Social

Social CRM-Aufgabenbereich	Hauptfunktionalitäten
Social Media	• Integration von Inhalten der wichtigsten Social Media-Plattformen über Schlagworte und phrasenbasierte individuell erstellbare „Listen Projects" • Schnittstellen zur Bereitstellung von Inhalten in Facebook, Google+, Twitter, YouTube, Instagram, Tumblr und LinkedIn • Bereitstellung von Funktionen zum Data Mining und von Apps in Facebook
Analyse	• Anreicherung von Daten mit zusätzlichen Angaben zu Sentiments oder Influencern • Zur Reporterstellung stehen vordefinierte Metriken bereit (z. B. Sentiment-Indikatoren, Benchmarking, Influencer score, netzwerkübergreifende Analysen)
Interaktion	• Publish (Content editor, Veröffentlichungskalender, Genehmigungsprozesse, Content pool, URL-Shortener) • Engage (Nachrichten-Feed, Antwort-Templates, Priorisierter Posteingang, Spam detection, Bulkveröffentlichung) • Build (Templates für Facebook Apps, Customizing-Funktionen für Apps/Branding, freie Einbettung von Medieninhalten, Kompatibilität mit mobilen Geräten, Überwachung und Erfolgskontrolle von Facebook-Apps)
Management/Integration	• Managementfunktionen bilden die Arbeitsabläufe von Community-Managern und Teams z. B. in Form von Workflows ab. Funktionalitäten umfassen die Definition von Benutzerrollen, das Rechtemanagement, Freigabeworkflows und Aufgabenzuordnung, Reporting sowie einen Audit Trail zur Nachverfolgung von Änderungen durch Nutzer
Kundenbeziehungsmanagement (CRM)	• Falcon Social bietet keine spezifischen CRM-Funktionalitäten (z.B. Service- oder Leadmanagement) und benötigt für diese Zwecke eine Integration mit entsprechenden Systemen • Die Cloud- bzw. SaaS-Lösung unterstützt die Integration in bestehende Systemlandschaften (ERP, CRM) über API's • Bereitgestellt werden neben Dashboards, insb. Metriken, Content und Informationen über die Audience

- Das „*Build*"-*Modul* unterstützt die Erstellung von Apps zur Interaktion über Facebook. Der Facebook-App Builder ermöglicht über „Drag&Drop" das Erstellen individueller Facebook-Apps für das Web als auch für Mobiles. Als Basis dienen individuell anpassbare Templates (z. B. für Customer Branding, Media Embedding).

Die Konfiguration der Module sowie die Einrichtung von Teams und Workflows begleitet ein Assistent („Social Media Coordinator"). Die typischen Nutzer von Falcon Social sind Community Manager, Social Media Manager oder Marketing-Manager, die häufig alle Funktionsbereiche der Plattform verwenden. Mitarbeiter in Verkauf, Marketing, Kundendienst und Personal nutzen die Plattform zum Monitoring von Inhalten, der Identifikation neuer Kontakte bzw. Mitarbeiter sowie für das Management kritischer Situationen. Als typische Aufgabenbereiche gelten die:

- Konzeption, das Management und die Bewertung von Social Media-Kampagnen im Social Media-Marketing.
- Bearbeitung von Kundendienstanfragen und die proaktive Kommunikation über Social Media im Social Customer Service. Insbesondere die Bereitstellung und Nutzung von Templates zielen hier auf eine stärkere Automatisierung von Arbeitsabläufen im Sinne von Workflows.
- Identifikation von Kontakten anhand von Schlagworten und eine direkte Kontaktaufnahme mittels der Analysefunktionalitäten im Bereich des Social Selling.

Falcon Social bietet eine umfassende Unterstützung des Social CRM und sieht die Zukunft in integrierten, intuitiv nutzbaren Systemen (Garratt 2014). Gegenüber traditionellen CRM-Anbietern differenziert sich Falcon Social durch die initiale Fokussierung auf Social Media und die Erweiterung mit dafür notwendigen CRM-Funktionalitäten.

3.1.2 Microsoft CRM

Microsoft Social Engagement (Stand 2015) ist ein Cloud-basiertes System, das Social CRM-Funktionalitäten umfasst, die sich sowohl als separate Lösung („Stand-Alone") als auch in Verbindung mit Microsoft Dynamics CRM verwenden lassen. Prinzipiell besteht die Möglichkeit das Social Engagement-Portal oder eine mit den Microsoft-Produkten Dynamics CRM sowie Dynamics Marketing integrierte Lösung einzusetzen. Über das Portal können Mitarbeiter eines Unternehmens aktuelle Interaktionen auf Facebook und Twitter beobachten und

mit Nutzern direkt kommunizieren. Darüber hinaus stehen Analysefunktionalitäten, wie etwa Data/Web/Text Mining sowie Sprachverarbeitung („Natural
Language Processing"), zur Verfügung. Die Echtzeit-Analyse ist mehrsprachig
möglich und unterscheidet die Kernfunktionen: Listening, Analyse, Engagement
und CRM (s. Tab. 3.3). Social Listening erlaubt die Überwachung von Social
Media-Plattformen über Suchbegriffe, während Social Analytics die Entwicklung
von Stimmungsbildern sowie die Anzahl genannter Schlagwörter auswertet und
Trends ermittelt. Orts- und Länderfilter erlauben eine regionale Eingrenzung der
Ergebnisse und eine Benachrichtigungsfunktion das Auslösen automatischer Warnungen (z. B. bei unerwarteter Entwicklung der Stimmungsbilder, häufiger Nen-
nung definierter Schlagwörter, vielen Negativ-Meldungen über die wirtschaftliche
Entwicklung eines Landes). Ebenso lassen sich einzelne Meldungen herausfiltern
und Meinungsführer identifizieren. Anschließend besteht die Möglichkeit Aktionen durchzuführen, damit etwa der Anwender auf einen Tweet reagieren oder
direkt die Seite eines Blogs aufrufen kann.

Beim integrierten Szenario erfolgt die Einrichtung und die Verwaltung über
das Microsoft Online Service Portal, worüber auch weitere Lösungen, wie Office
365, Power BI, Dynamics CRM und Dynamics Marketing zur Verfügung stehen.
Die Integration in Dynamics CRM und Dynamics Marketing können Benutzer mit Administrator-Rechten und entsprechenden Kenntnissen durchführen. In
Social Engagement identifizierte Aktivitäten lassen sich dann in Dynamics CRM
überführen und beispielsweise in Leads oder Service-Tickets umwandeln. Sie stehen damit ebenfalls im Profil („Social Profile") und der Historie zur Verfügung.
Zudem ist eine Zuordnung sozialer Profile (z. B. von Kunden oder Meinungsführern) zu den Kontakten in Dynamics CRM ebenso möglich wie die Darstellung
von Auswertungen innerhalb von Dashboards (über grafische Fensterelemente,
sog. „Widgets"). Durch die Visualisierung in Dynamics Marketing erfolgt die
Integration in die Arbeitsumgebung der Marketingmitarbeiter, sodass diese Metriken zu Markenimage, Reputation und/oder Kampagnenerfolg verfolgen können.

Grundsätzlich setzt die erste Einrichtung von Social Engagement keine ver-
tieften technischen Kenntnisse voraus. Das Anlegen von Suchanfragen und Filtern erfordert zwar ein Grundverständnis im Umgang mit SQL oder Text Mining,
jedoch kommen Endanwender mit den Ergebnissen nur innerhalb der eingesetzten Systeme (z. B. Dynamics CRM) in Kontakt und konfigurieren nicht selbst.
Damit eröffnen sich zahlreiche Anwendungsfelder im Social CRM:

- Das Kampagnen-Dashboard zeigt wie das Social Web auf eine laufende Werbemaßnahme reagiert. Neben der Beobachtung der eigenen Marke bilden das
  Überwachen von Wettbewerbern oder Märkten weitere Anhaltspunkte für stra-
  tegische Entscheidungen in einem Unternehmen.

Tab. 3.3 Funktionsübersicht Microsoft CRM

SCRM-Aufgabenbereich	Hauptfunktionalitäten
Social Media	• Facebook, Twitter, LinkedIn, Nachrichten-portale, Blogs und Videoportale
Analyse 1. Social Listening 2. Social Analytics	• Definition von Suchthemen und von Such-begriffen je Suchthema inkl. Einschlüssen (z. B. versch. Schreibweisen von Begriffen) und Ausschlüssen • Kategorisierung der Suchthemen • Überwachung von Facebook-Seiten • Stimmungsanalyse auf Suchbegriffebene, Drill-Down bis Beitragsebene (basierend auf Natural Language Processing und Machine Learning) • Analyse von Kategorien, Suchbegriffen, Drill-Down bis auf Beitragsebene (nach Anzahl, Trend, Sprache, Standort, Quelle, Share-of-Voice) • Alert-Funktion, definierbar über Regeln (z. B. starker Negativtrend)
Interaktion (Social Engagement)	• Portal zur direkten Interaktion mit Usern sozialer Netzwerke (Twitter, Facebook) • Definition über Filter, welche Beiträge das Social Engagement Portal anzeigt • Definition und Teilen von Beitrags-Streams für bestimmte Benutzer und Gruppen • Antwort direkt aus dem Social Engagement Portal möglich
Management/Integration	• Rechtemanagement • Workflowmanagement • Alert-Funktion bei verschiedenen Suchthemen • Konvertierung sozialer Beiträge in Leads, Verkaufschancen oder Servicetickets
Kundenbeziehungsmanagement (CRM)	• Integration in Microsoft Dynamics CRM • Nachverfolgung von sozialen Beiträgen innerhalb von Dynamics CRM • Anzeige relevanter Analyseergebnisse über Widgets auf Dashboards und Objekten

- Das Monitoring von Benutzergruppen ist nicht nur mit Endkunden, sondern auch intern möglich. Ein Beispiel findet sich im Maschinen- und Anlagenbau: nachdem Mechaniker dort häufig in Facebook-Gruppen organisiert sind, können Maschinenhersteller so feststellen, ob beispielsweise Wettbewerber innerhalb dieser Gruppen aktiv sind oder Produktprobleme die Stimmung beeinflussen. Alert-Funktionen erlauben frühzeitiges Handeln bevor etwa Meinungsführer oder -macher („Influencer") die Probleme aufgreifen und Negativ-Meldungen streuen. Zudem profitiert das Produktmanagement von Verbesserungsvorschlägen aus diesen Communities.
- Das Bewerten der Reichweite von Social Media-Nutzern erlaubt die Identifikation von Meinungsführern. So ist es gerade im Industriebereich hilfreich zu wissen, welche Reichweite einzelne Fachjournalisten oder Berater im Social Web haben. Die Identifikation und der Eintritt in einen ersten persönlichen Dialog kann so besser vorbereitet werden und situationsbezogen erfolgen, etwa als Reaktion auf einen neuen Blog-Beitrag.

Die Weiterentwicklung des Systems zielt auf die stärkere Integration mit weiteren Microsoft-Systemen und die Erschließung bestimmter Funktionalitäten (z. B. der Textanalyse) auch für andere Systeme (z. B. über Microsoft Azure). Die Entwicklungsrichtung geht dabei in Richtung eines integrierten Systems, das alle Social CRM-Aufgabenbereiche adressiert.

3.1.3 Viralheat

Viralheat (Stand 2015) hat sich als Cloud-basierte Lösung für das Social Media Monitoring (Analyse), Publishing (Interaktion) und Reporting (Dashboards) mit einer durchgehenden Workflow-Unterstützung etabliert. Nach eigenen Aussagen bedient Viralheat eine Anwenderbasis von über 100.000 Nutzerkonten (Stand 2015) in zahlreichen Branchen. Viralheat verfolgt einen plattformübergreifenden und integrierten Lösungsansatz, wodurch Unternehmen ihre Social Media-Aktivitäten über eine einheitliche Plattform durchführen können. Dies beinhaltet (s. Tab. 3.4):

- die Vereinfachung der Social Media bezogenen Workflows eines Unternehmens über ein integriertes Workflow-Management,

- eine Integration mit betrieblichen AS (z. B. Salesforce, Marketo, Sugar CRM), Web-Analyse-Werkzeugen (z. B. Google Analytics, Omniture) sowie AS im Kundensupport (z. B. Zendesk, Desk.com) und im Personalwesen (z. B. Glassdoor), um identifizierte Signale aus den Social Media-Plattformen an die verantwortlichen Abteilungen weiterzuleiten. Für die überwachten Plattformen erfasst Viralheat neben dem Posting auch die verwendete Sprache sowie die demografischen Daten (Alter, Geschlecht, Standorte, Interessen etc.).

- Analysetechniken, um Rückschlüsse auf die Intention und Meinungen von Autoren zu ziehen und die gezielte Reaktion für Unternehmen zu ermöglichen. Diese basieren u. a. auf der Verarbeitung strukturierter und unstrukturierter Daten mittels einer Sprachverarbeitungstechnologie („Natural Language Processing").

Als Cloud-basierte Lösung ist Viralheat vorkonfiguriert und lässt sich mit geringem Einrichtungsaufwand nutzen. Der Log-in ist über eigene Accounts oder sog. Social Log-ins (z. B. über Facebook) möglich, wodurch auch das Monitoring eigener Social Media-Präsenzen möglich ist. Typische Einsatzbereiche von Viralheat finden sich im Marketing, etwa für Social Media-Kampagnen und Marketing-Reaktionen auf externe Postings. Im Bereich Verkauf erlaubt die Erkennung von Stimmungen und Interessen mittels der eigenentwickelten „Sentiment- und Human-Intent"-Technologie die teilautomatisierte Erkennung von potenziellen Kunden durch vorausschauende Analysen. Für den Bereich Service unterstützt Viralheat unter anderem die Erstellung von Servicefällen und das zugehörige Workflowmanagement sowie die Integration von unternehmenseigenen Inhalten auf Plattformen wie Zendesk und Desk.com.

Viralheat steht stellvertretend für fortgeschrittene Social Media Management-Lösungen, die nicht nur die Analyseaufgaben, sondern auch die Ergebnisverwendung adressieren. Viralheat unterstützt hier drei weitere Bereiche eines integrierten Social CRM: die Interaktion auf Basis der Ergebnisse, die Bereitstellung der Ergebnisse für Backend-Systeme und die Möglichkeit die Kernfunktionalität über eine API in anderen Anwendungen zu nutzen. Weiterentwicklungen von Viralheat betreffen beispielsweise den Bereich der Automatisierung und die Unterstützung des Content Marketing. Ebenfalls steigen die Anforderungen der Kunden nach fortgeschrittenen aber dennoch einfach zu bedienenden Analysefunktionen sowie eine stärkere Integration der Analysefunktionalitäten mit bestehenden Workflow-Systemen.

Tab. 3.4 Funktionsübersicht Viralheat

Social CRM-Aufgabenbereich	Hauptfunktionalitäten
Social Media	• Integration führender Social Media-Platt-formen, wie Twitter, Facebook, Google+, LinkedIn, YouTube, Pinterest, Instagram, Tumblr, Wordpress, Foursquare, Glass-door, Yelp sowie Blogs, News, Review Websites, Foren und Videoplattformen (über RSS) • Zugriff auf Firehose und Echtzeit-Tracking von Konversationen in Twitter • Übersetzung von Postings (via Google Translate) und Erkennung von mehr als 180 Sprachen
Analyse 1. Monitoring und Listening 2. Analyse, Berichterstattung und Datenspeicherung	• Kontinuierliches Listening und Monito-ring über hinterlegte Suchanfragen • Stichwortbasierte Ad-hoc-Suchen in Echtzeit • Bereinigung, Vereinheitlichung und Anreicherung von Inhalten zur Anzeige in Dashboards und zur Weiterverarbeitung in Workflows • Analyse von Accounts und zur Schlüssel-wörtern mittels Themenprofilen • Stimmungsanalyse (z. B. positive Aussagen) • Interessensidentifikation (z. B. Lead-Status) • Identifikation und Bewertung von Mei-nungsführern bzw. „Influencern" (z. B. Reichweite) • Standardreports und -analysen für ausgewählte Plattformen • Generierung von Excel- und PDF-Berichten • Archivierung von Postings
Interaktion (Publishing und Engagement)	• Veröffentlichung (zeitzonenabhängige Terminplanung und Bulk-Veröffentlichun-gen) • Direkte Antworten in Echtzeit (z. B. Twitter-Reply) • Unterstützungswerkzeuge, wie Link Shortener, Smart Stream, Browsererwei-terungen und Link Previews

(Fortsetzung)

Tab. 3.4 (Fortsetzung)

Social CRM-Aufgabenbereich	Hauptfunktionalitäten
Management/Integration (Workflow/Compliance)	• Unterstützung von Teams und Einzelarbeitsplätzen • Abbildung von Freigabeketten • API's für externe Dienste • Log-in über soziale Kanäle (Facebook-Log-in)
Kundenbeziehungsmanagement (CRM)	• Integration mit weiteren Systemen, wie Salesforce, Zendesk, Desk.com, sugarCRM, Omniture, Google Analytics, Glassdoor

3.2   Kernfunktionalitäten

Wie dargestellt unterstützen die AS für das Social CRM entweder als isolierte oder als integrierte Lösungen die Automatisierung in den Bereichen Analyse, Interaktion, Management und CRM-Kopplung. Zwar können die einzelnen Social Media-Plattformen eigene Funktionalitäten liefern, jedoch sind darüber weder plattformübergreifende noch integrierte und anspruchsvollere Funktionalitäten realisierbar. So ist eine Analyse der Markenwahrnehmung über zahlreiche Blogs erst durch den Einsatz einer automatisierten Inhaltsanalyse mit begrenztem Aufwand möglich. Für einen Überblick zu den einzelnen Basisfunktionalitäten (s. Abb. 3.1) der AS zeigen die nachfolgenden Abschnitte einige zentrale Anwendungsfälle anhand der Gestaltungsbereiche des Social CRM (vgl. Abschn. 1.4) auf.

3.2.1   Social Media

Der Bereich Social Media bildet die Basis für betriebliche Social Media-Präsenzen und damit für das gesamte Social CRM. Drei grundlegende Funktionalitäten seien aus diesem Bereich herausgegriffen:

- *Auswahl und Konfiguration von Quellen:* Zur Erschließung von Inhalten kommen häufig Crawler, RSS und Schnittstellen (API) oder Datenaggregationsdienstleister (sog. „Social Data-Provider", wie etwa Gnip) zum Einsatz. Aufgrund der häufigen Änderungen an den Schnittstellen der Social Media-Plattformen und den damit verbundenen Pflegeaufwänden geben die meisten Werkzeuge eine feste Anzahl an Plattformen (i. d. R. Twitter, Facebook oder

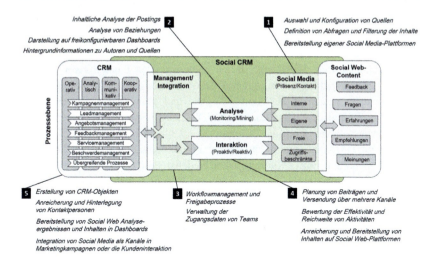

Abb. 3.1 Funktionalitäten von Anwendungssystemen für das Social CRM

Abb. 3.2 Auswahl und Konfiguration spezifischer Quellen in Synthesio

Google+) sowie eine i. d. R. nicht näher bestimmte Anzahl an Foren und Blogs vor (s. Abb. 3.2). Nutzer können diese Auswahl aufgrund der notwendigen Schnittstellenkonfiguration oftmals nicht beeinflussen und müssen Erweiterungen individuell beauftragen. Möglich ist dagegen eine Einschränkung der vorgegebenen Quellen (z. B. nur Inhalte von Twitter). Für zugriffsbeschränkte Social Media-Plattformen kann weiterhin die Angabe von Log-ins bzw. die genaue Spezifikation von Unterseiten (z. B. für Facebook) notwendig sein.

Dies ist insbesondere im Falle der Bereitstellung eigener Inhalte erforderlich und bedingt das Vorhandensein einer entsprechenden API.

- *Definition von Abfragen und Filterung der Inhalte:* Nach der Quellenauswahl können viele Werkzeuge die zu analysierenden Inhalte, etwa über die Angaben von Schlagworten, genauer bestimmen (s. Abb. 3.3). Bei einfachen Werkzeugen geschieht dies durch Angabe und Verkettung von Schlagworten mittels logischer Operatoren („AND", „OR") und bei fortgeschrittenen Werkzeuge zudem durch die Definition von Unterabfragen und Stop-Wörtern (z. B. zur Differenzierung mehrdeutiger Produktnamen) sowie die Pflege von Ontologien (z. B. zur Zuordnung verschiedener Produktnamen zu einer Produktegruppe). Die Definition von Abfragen orientiert sich an einfachen SQL-Abfragen und nutzt oftmals die Syntax von Text Mining-Werkzeugen wie Solr.
- *Bereitstellung eigener Social Media-Plattformen:* Neben externen Social Media-Plattformen nutzen Unternehmen aufgrund der verbesserten Gestaltungsfreiheit oder Kontrolle häufig eigene bzw. interne Präsenzen. Neben Werkzeugen zum Hosting eigener Foren oder Blogs, unterstützen Social CRM-Werkzeuge etwa die Bereitstellung eines Blogs, eines Forums oder Review-Seiten in Verbindung mit weiteren Funktionalitäten zum Plattformbetrieb (z. B. Moderation, Badges, Interaktionsmanagement, Suchmaschinen-Integration). Die Werkzeuge sind dabei mit bestehenden Webseiten integrierbar und an das individuelle Corporate Design anpassbar (s. Abb. 3.4).

3.2.2 Analyse und Monitoring

Im zweiten Aufgabenbereich steht die Ableitung von Wissen aus dem Social Web im Vordergrund. Dieser Bereich ist für die meisten Social CRM-Aufgaben von grundlegender Bedeutung und in zahlreichen Werkzeugen bzw. mit vielen Funktionalitäten zu finden. Offensichtlich orientieren sich die Analyse und das kontinuierliche Monitoring an den zugrundeliegenden Datenobjekten (s. Tab. 1.3). Zu unterscheiden ist danach die Analyse der Posting-Inhalte selbst, die Analyse von Beziehungen zwischen Social Web-Nutzern sowie das Verwenden von Hintergrundinformationen.

Bei der Inhaltsanalyse steht die Untersuchung von Text im Vordergrund. Hier erlauben die seit längeren existierenden Verfahren der Textanalyse („Text Mining") eine maschinelle Interpretation und Extraktion von Informationen aus unstrukturierten Datenbeständen. Neben der Auswertung mitgelieferter Metadaten (z. B. Name des Autors, Datum der Veröffentlichung) ermöglichen sie je nach Mächtigkeit der Analyseverfahren eine Zusammenfassung von Postings, eine semantische

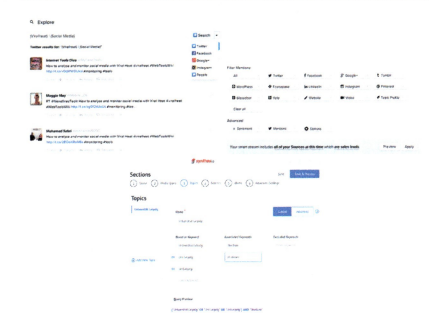

Abb. 3.3 Beispiel für die Konfiguration einer Abfrage in Synthesio (unten mittig) sowie Einschränkung von Inhalten mittels Filter (oben rechts) und freie Suche (oben links) in Viralheat

Abb. 3.4 Aufbau und Customizing einer eigenen Community über Funktionsbausteine in Lithium

Auswertung und einen Vergleich von Postings. Ebenfalls erlaubt das Text Mining die Erkennung und Zuordnung von Begriffen zu übergreifenden Konzepten (z. B. Produktgruppen, Firmennamen) sowie eine Anreicherung von fehlenden Informationen über andere Kanäle (Reinhold und Alt 2011). Während viele Werkzeuge Bildunterschriften oder Tags auswerten, sind Bilder, Videos und Audiodaten häufig noch nicht eingeschlossen. Gegenüber strukturierten datenbankbasierten Speicher- und Repräsentationsformen ist die Analyse der Social Web-Inhalte mit einer hohen Varianz von Wortwahl, Terminologie, Kontext und Nutzergewohnheiten konfrontiert, was umfangreiche Funktionalitäten und Ressourcen zur Konfiguration und Pflege erfordert. Zu den Auswertungen zählen:

- *Tagging (Klassifikation von Postings)*: Eine erste Klassifikation von Postings erfolgt anhand der Prüfung auf vordefinierte Begriffe. So vereinfacht eine automatisierte Verschlagwortung die Identifikation einer bestimmten Marke, z. B. zur Weiterbearbeitung des Postings (s. Abb. 3.5). Häufig erfolgt eine automatisierte Klassifikation zur Identifikation von Kontakt-/Verkaufsmöglichkeiten und Servicefällen, um eine erste Filterung zu erhalten. Weil die Posting-Inhalte den Schlagworten jeweils genau entsprechen müssen, lassen sich Tags i. d. R. auch manuell vergeben.
- *Meinungsanalyse (Sentimentanalyse):* Ein Sentiment (übersetzt Gefühl, Empfindung, Stimmung) bezeichnet einen aus mehreren Indikatoren ermittelten Stimmungswert, der typischerweise auf mehreren Akteuren beruht. Eine erste Orientierung vermittelt die Unterscheidung nach positiven, negativen und neutralen Postings anhand von zuvor als positiv oder negativ gekennzeichneten Schlüsselbegriffen (s. Abb. 3.6). Dadurch lassen sich aus vielen Postings Stimmungen ableiten und sich ein Überblick über die Art des Feedbacks aus dem Social Web ermitteln (s. Abb. 3.7). An Grenzen stoßen einfache Verfahren der Sentimentanalyse bei Ironie, differenzierten Meinungen und Aussagen in einem Kontext. Hier ist für eine verlässliche Klassifikation der Meinung i. d. R. eine manuelle Nachbereitung bzw. eine individuelle Anpassung der

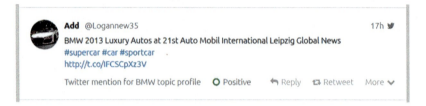

Abb. 3.5   Beispiel für ein Posting mit positiver Klassifizierung

Abb. 3.6 Beispiel eines Dashboards zur Sentiment-Visualisierung in Synthesio

Abb. 3.7 Beispiel eines positiv markierten Postings in Synthesio

Algorithmen notwendig. Anspruchsvollere Verfahren der Textanalyse verwenden linguistische und semantische Konzepte (z. B. Grammatiken, Ontologien), um weitere Automatisierungspotenziale zu erschließen, erfordern jedoch einen hohen Aufwand zur Erstellung der Wissensstrukturen (s. Abschn. 4.3). Derartige Wissensdatenbanken erlauben etwa das Erkennen des Firmennamens aus unterschiedlichen Schreibweisen, die Zuordnung zu einem einheitlichen Firmennamen und die Darstellung von Ansprechpartnern oder die Klassifikation von Quellen nach Branchen.

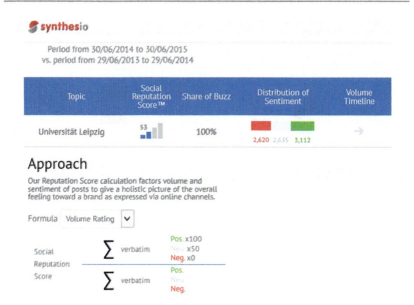

Abb. 3.8 Bereitstellung von KPI zur Bewertung von Postings und Autoren in Synthesio

- *Relevanz (Scoring von Postings):* Viele Werkzeuge bieten eine Relevanzbestimmung auf Basis der verwendeten Suchabfrage an, einige Werkzeuge darüber hinaus auch selbst bestimmte Relevanzmetriken. Zur Berechnung der Relevanz dienen die verfügbaren Merkmale sowie der Posting-Inhalt (s. Abb. 3.8).

Die weiteren Analysefunktionalitäten betreffen die Analyse der Beziehungen bzw. des Netzwerks zwischen Social Web-Nutzern, das Einbeziehen von Hintergrundinformationen und schließlich die Aggregation von Daten in Form von vordefinierten sowie frei konfigurierbaren Dashboards:

- *Beziehungsanalyse:* Fortgeschrittene Analysewerkzeuge erlauben eine genauere Auswertung der Beziehungen zwischen Personen und den Einfluss von Personen auf Ereignisse (z. B. Anzahl der Verbreitungen einer Nachricht an andere Personen durch einzelne Personen) (s. Abb. 3.9). Diese Werkzeuge führen eine Analyse von sozialen Netzwerken (sog. „Social Network Analyse", SNA) oder auch die Anreicherung von bestehenden Netzwerken mit Informationen aus dem Social Web mittels zusätzlicher Beziehungsinformationen durch.

Abb. 3.9 Analyse von Beziehungen zwischen Postings und Autoren in Bottlenose (rechts, Quelle: www.bottlenose.com) und NetworkInsights (links, Quelle: www.networkinsights. com)

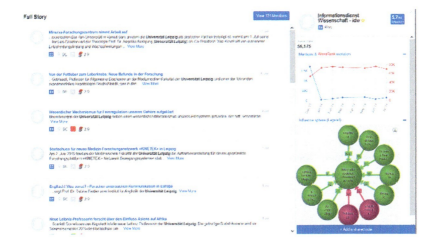

Abb. 3.10 Informationen über Reichweite und Einfluss einer Social Media-Quelle in Synthesio

Zum Einsatz kommen entsprechende Werkzeuge vor allem in der Marktforschung sowie in der Planung und Kontrolle von Marketingaktivitäten.

- *Hintergrundinformationen:* Zur genaueren Beschreibung von Autoren und Quellen lassen sich die Postings aus zusätzlichen Informationsquellen anreichern (s. Abb. 3.10). Fortgeschrittene Werkzeuge zeigen beispielsweise Angaben zur Anzahl der Freunde, zur Aktivität, zu präferierten Themen bestimmter Autoren von Postings sowie zur Reichweite oder dem Einfluss von Quellen.

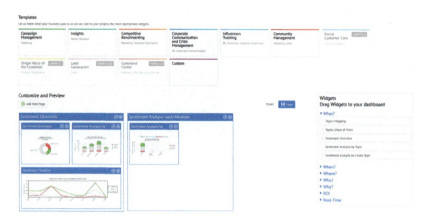

Abb. 3.11 Beispiel zur Konfiguration von Dashboards mittels Templates in Synthesio

Diese Informationen helfen Anwendern bei der Priorisierung von eingehenden Postings und der Festlegung der geeigneten Plattformen zur Verbreitung eigener Inhalte.

• *Darstellung auf freikonfigurierbaren Dashboards*: Zur Präsentation von Analyseergebnissen bieten Social Media-Werkzeuge vorkonfigurierte Auswertungssichten (statische Dashboards) sowie – bei fortgeschrittenen Werkzeugen – die Möglichkeit frei durch die Nutzer definierbarer Dashboards (s. Abb. 3.11). Dies ermöglicht das Anlegen zentraler Abfragen (z. B. zu Postings mit Firmenbezug) und abteilungsspezifischer Sichten (z. B. Marketing, Service). Typische Dashboard-Elemente sind sog. „River" (listenbasierte Ansicht von Postings), Balken- und Liniendiagramme (z. B. Anzahl von Postings aus verschiedenen Quellen, Anzahl von Posting im Zeitverlauf) und Tag- bzw. Word-Clouds (z. B. häufige Begriffe in der ausgewählten Posting-Menge). Einzelne Anbieter differenzieren sich über spezifische Dashboards, wie etwa Netzwerkansichten. Ein Beispiel zeigt das Marketing Dashboard der Brauerei Carlsberg auf Basis von Falcon Social (s. Abb. 3.12).

3.2.3 Interaktion

Der dritte Bereich des Social CRM betrifft die Interaktion mit den Social Web-Nutzern. Hierzu seien drei grundlegende Funktionalitäten herausgegriffen:

Abb. 3.12 Carlsberg Marketing Dashboard in Falcon Social (Quelle: http://www.falcon-social.com/blog/case-study/building-social-media-dashboard-carlsberg/)

- *Kanalübergreifende Bereitstellung von Beiträgen:* Zur Bereitstellung von Inhalten dienen Funktionalitäten zur zeitversetzten Erzeugung und Veröffentlichung von Inhalten sowie die damit in Zusammenhang stehenden Planungsaufgaben (z. B. langfristige Marketingplanung, Abstimmung von Postings). Dadurch lassen sich wöchentliche Postings im Voraus planen, anlegen und in einen Veröffentlichungsplan eintragen. Die automatische Publikation des Posting erfolgt dann zum gewählten Zeitpunkt, was auch über mehrere Plattformen oder abhängig von definierten Bedingungen erfolgen kann. So kann ein Posting am ersten Tag auf der eigenen Facebook-Seite veröffentlicht sein und ein Link am nächsten Tag mit einem kurzen Beitrag über Twitter mit einem Link darüber informieren. Dadurch können auch kleine Teams komplexe Social Marketing-Aktivitäten durchführen (s. Abb. 3.13).
- *Bewertung der Effektivität und Reichweite von Aktivitäten:* Zur Messung des Erfolgs eigener Social Web-Aktivitäten bieten Social CRM-Werkzeuge Funktionen zur Nachverfolgung und Bewertung. Sie stellen beispielsweise für veröffentlichte Postings die Anzahl an erreichten Personen oder die Anzahl von Erwähnungen („Mentions") in anderen Quellen dar (s. Abb. 3.14). Grundlage dafür sind einerseits die von den Social Media-Plattformen bereitgestellten Informationen (z. B. Facebook). Andererseits führen fortgeschrittene Werkzeuge auch eigene Analysen durch (z. B. Anzahl an Links auf den Beitrag in anderen

Abb. 3.13 Planung von Veröffentlichungen im Marketingplan von Falcon Social

Plattformen) oder führen Informationen von verschiedenen Plattformen (z. B. zur Bewertung der Reichweite) zusammen.

- *Anreicherung und Bereitstellung von Inhalten:* Neben Kommunikationsprozessen unterstützen Social CRM-Werkzeuge auch die Anreicherung bestehender Daten, etwa FAQ-Webseiten mit Inhalten aus der Social Web-Analyse. Sie nutzen dazu Analyseergebnisse zu häufig auftretenden Fragen und Antworten und unterstützen die Generierung entsprechender Einträge. Neben der Anreicherung können Anwender in einigen Werkzeugen durch vorkonfigurierte Objekte (z. B. Facebook-Apps) ihre individuellen Bedürfnisse und Layout-Informationen anpassen, bevor die automatisierte Publikation mit den erforderlichen Rechten auf den Plattformen erfolgt (s. Abb. 3.15).

3.2.4   Management und Integration in das CRM

Der vierte Bereich betrifft mit der Integration in das CRM die Verbindung der Analyse- und Interaktionsfunktionalitäten mit dem betrieblichen CRM-System. Während in diesem Daten mit einer hohen Qualität (z. B. aus der Auftragsabwicklung) enthalten sind, besitzen Nutzer in Social Media einen beträchtlichen Spielraum zur Wahl ihrer Benutzernamen und Pseudonyme. Diese müssen nicht zwingend ihren realen Namen (sog. Klarname) wählen, sondern können auch unter unwahren existierenden oder gar fiktiven Identitäten auftreten. Eine direkte

Abb. 3.14   Darstellung der Resonanz auf Postings in Viralheat

Abb. 3.15   Konfiguration einer App für Facebook mittels Template in Falcon Social

Zuordnung von Social Media-Profilen ist daher häufig nicht möglich. Aus Sicht des CRM sind folgende Funktionalitäten in der Praxis anzutreffen:

- *Erstellung von CRM-Objekten:* Eine erste Funktionalität verwendet das Wissen aus dem Social Web zur Erweiterung des Kundenwissens. Hier findet beispielsweise die Überführung von Postings in Geschäftsobjekte, wie einen Kontakt oder eine Serviceanfrage, statt. Als Grundlagen dienen die Metadaten (z. B. Autoren, Titel oder Zeitpunkt) und die Posting-Inhalte (s. Abb. 3.16). Das CRM-System nutzt die Objekte anschließend weiter als Kontakt oder Anfrage (z. B. Ansprache über andere Kanäle, Nachverfolgung der Lösungszeit für Anfragen). Neben CRM-Systemen bieten auch auf Interaktion spezialisierte Werkzeuge entsprechende Funktionalitäten mit Schnittstellen zu CRM- und/oder ERP-Systemen an.
- *Anreicherung und Hinterlegung von Kontaktpersonen oder Meinungsführern:* Neben der Neuanlage von Geschäftsobjekten (z. B. Kontakt, Serviceanfrage) bieten CRM-Werkzeuge auch die Möglichkeit, Inhalte aus dem Social Web zu bestehenden Geschäftsobjekten hinzuzufügen (z. B. die Facebook-Identität zu einem physischen Kontakt) oder sie reichern diese Daten an (z. B. Ergänzung der Kontaktdaten über Xing). Ist eine Verknüpfung von einem Objekt mit einer Identität im Social Web verknüpft, lässt sich außerdem eine Historie der Postings des Kontaktes oder seiner Interaktionen über Social Media mit diesem darstellen und nachverfolgen (s. Abb. 3.19).
- *Bereitstellung von Social Web-Analyseergebnissen und -inhalten in Dashboards:* Analysewerkzeuge können ihre Ergebnisse über Widgets in CRM-Systemen darstellen, damit beispielsweise Servicemitarbeiter eine Analyse zur aktuellen produktbezogenen Kommunikation auf ihrer gewohnten Startseite im CRM-System erhalten. Gleiches unterstützen CRM-Systeme, die bereits Social Media-Analysefunktionalitäten besitzen (z. B. Salesforce). Neben Dashboards kann die Kontaktseite zusätzliche Auswertungen anzeigen (s. Abb. 3.17).
- *Integration von Social Media in Marketingkampagnen oder Kundeninteraktionen:* Bei Social Media-Plattformen mit API können CRM-Systeme die Inhalte direkt auf die Plattformen spielen und auf Ereignisse (z. B. neues Posting, Anzahl an Likes, Registrierung eines Nutzers) reagieren. Die dafür erforderliche Logik und Ablaufkontrolle enthalten fortgeschrittene CRM-Systeme beispielsweise im Bereich Kampagnenmanagement (s. Abb. 3.18) oder im Customer Interaction Center, bei denen Social Media einen weiteren Kanal zur Kundeninteraktion darstellen.

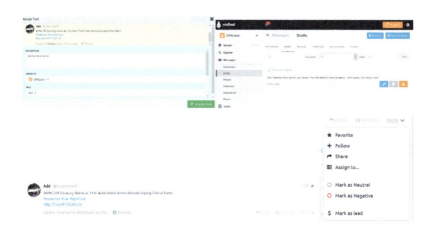

Abb. 3.16 Beispiel für die Erstellung eines Kommunikationstemplate (oben rechts), die Zuordnung einer Aufgabe (oben links), für Bearbeitungsfunktionen eines Postings (unten rechts) und für ein positiv klassifiziertes Posting mit Möglichkeit zur Antwort (unten links)

Abb. 3.17 Dashboard mit Informationen aus dem Social CRM in Microsoft CRM (Quelle: blogs.technet.microsoft.com)

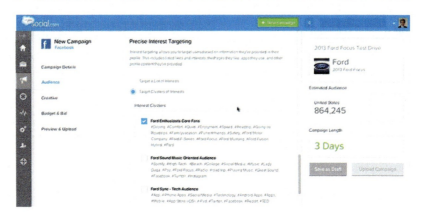

Abb. 3.18 Beispiel der Segmentierungsfunktion in Salesforce (Quelle: www.salesforce.com)

Letztlich bezeichnet der fünfte Aufgabenbereich des Management die über verschiedene Social Media-Plattformen sowie Analyse- und Interaktionswerkzeuge reichende Abstimmung, um sowohl eine übergreifende Sicht der Aktivitäten als auch eine abgestimmte Verwaltung der Plattformen zu erhalten. Zwei Funktionen seien hierzu herausgegriffen:

- *Workflowmanagement und Freigabeprozesse*: Die Bereitstellung von Social Media-Inhalten erfordert häufig die Zusammenarbeit mehrerer Abteilungen im Unternehmen. So verfasst etwa das Produktmanagement einen Blogbeitrag, die Öffentlichkeitsarbeit prüft die Einhaltung von Richtlinien oder passt Formulierungen an, die Marketingabteilung liefert Bildmaterial und die Social Media-Verantwortlichen geben den Bericht frei und publizieren diesen. Zur Unterstützung entsprechender Prozesse bieten die Werkzeuge Funktionalitäten zur Delegation zwischen verschiedenen Anwendern, dem Tracking von Zuständen (z. B. Freigaben) oder zur gemeinsamen bzw. kooperativen Bearbeitung von Inhalten (s. Abb. 3.19), an.

Abb. 3.19 Zusammenführung von Interaktionen aus unterschiedlichen Kanälen in einem Dashboard in Microsoft CRM (Quelle: http://www.preact.co.uk/blog/whats-new-in-the-dynamics-crm-online-2015-update-1-spring-15-release)

Abb. 3.20 Konfiguration einer Gruppe in Viralheat

- *Verwaltung der Zugangsdaten:* Nachdem Social CRM nicht auf eine Abteilung begrenzt ist, bieten Social CRM-Werkzeuge Mehrnutzerfähigkeiten und die Verwaltung von Log-ins zu jedem Nutzer (s. Abb. 3.20). So lässt sich bei der Veröffentlichung von Inhalten gezielt auswählen, ob Postings im Namen des Nutzers, eines virtuellen Nutzers (hinter welchem mehrere reale Personen eines Teams stehen können) oder im Namen des Unternehmens erfolgen. Die Werkzeuge führen außerdem Interaktionshistorien, sodass Mitarbeiter vorausgehende Kommunikationsprozesse nachvollziehen können.

Social CRM-Gestaltungsbereiche 4

Die vorgestellten Fall- und Systembeispiele zeigen, dass Social CRM Unternehmen einen Gestaltungsspielraum bietet, der von einfachen hin zu integrierten Lösungen reicht. In jedem Fall besteht die Herausforderung die unternehmensbezogen Nutzen stiftenden Anwendungsfelder zu identifizieren und eine geeignete Organisationsstruktur und -kultur zur Umsetzung zu schaffen. Aus den Fallbeispielen geht ebenfalls hervor, dass der Einsatz eines einzelnen Social Media-Verantwortlichen nicht ausreicht. Vielmehr hat die Verbindung mit den bestehenden Geschäftsprozessen und den Fähigkeiten der Mitarbeiter zu gelingen. Vor diesem Hintergrund fasst das folgende Kapitel die Gestaltungsbereiche des Verwendungszwecks sowie der organisatorischen und technischen Umsetzung zusammen. Zwei weitere Gestaltungsbereiche befassen sich zudem mit dem Management der Daten aus dem Social Web – einmal seitens der Erschließung der Daten und einmal seitens des Datenschutzes.

4.1 Verwendungszwecke

Zunächst kann ein Unternehmen Social Media zur Unterstützung aller CRM-Kernbereiche einsetzen, die vom Marketing hin zu Service reichen (s. Abb. 1.4). Neben den direkten Interessenten und Kunden sind hier auch weitere Akteure wie Experten oder Wettbewerber bei der Strategieentwicklung zu berücksichtigen. Die Art der Unterstützung in den zugehörigen Prozessen reflektiert der **Verwendungszweck**, der sich in vier Bereiche einteilen lässt (s. Abb. 4.1, s. auch (Reinhold 2015)):

© Springer-Verlag GmbH Deutschland 2016
R. Alt und O. Reinhold, *Social Customer Relationship Management,*
DOI 10.1007/978-3-662-52790-0_4

Abb. 4.1 Anwendungszwecke von Social Media zur Unterstützung von CRM-Prozessen

- *Präsenz*: Mittels einer Präsenz im Social Web erschließen Unternehmen einen zusätzlichen Interaktionskanal mit spezifischen Eigenschaften (s. Abschn. 1.2) für ihre (bestehenden oder zusätzlichen) relevanten Zielgruppen. Bereits mit geringem Ressourcenaufwand lassen sich über diese Präsenzen Informationen für einen zumindest potenziell größeren Interessentenkreis als über klassische Maßnahmen (z. B. Newsletter) bereitstellen. Eine Social Media-Präsenz erlaubt dabei nicht nur die Darstellung des eigenen Unternehmens und der Unternehmensprodukte in einem persönlichen und authentischen Stil. Vielmehr erlaubt sie die Bildung einer interessierten Community rund um ein Unternehmen, eine Marke oder ein Produkt. Eine eigene Präsenz im Social Web bietet hierzu einen ersten Anlaufpunkt für alle am Kontakt mit einem Unternehmen interessierten Gruppen (z. B. über Verlinkung der Fan Page, Nutzung eines Hashtag). Außerdem vereinfacht eine Social Web-Präsenz die Verbindung zwischen Offline- und Online-Welt, etwa durch ergänzende Gewinnspiele, Zusatzinformationen oder Möglichkeiten zur Kontaktaufnahme mit Gleichgesinnten.

- *Wissensgewinnung*: Ein weiterer Verwendungszweck stellt die Verbindung mit dem analytischen CRM (s. Abschn. 1.3) in den Vordergrund. Äußerungen und Verhaltensweisen der Social Web-Nutzer liefern wichtige Ansatzpunkte zur Erweiterung des betrieblichen Kundenwissens bzw. der bestehenden Marktforschung um authentische bzw. unverfälschte Rückmeldungen aus dem Markt bzw. aus relevanten Nutzergruppen heraus. Durch Analysefunktionalitäten der Plattformen und dedizierte Analysewerkzeuge können Unternehmen aktuelle oder häufig diskutierte Themen aus ihren Präsenzen oder von anderen öffentlich zugänglichen Social Media-Plattformen erfassen und diese weiterverarbeiten und/oder darauf reagieren. Dies erlaubt etwa die Messung des Kampagnenerfolges bereits während der Durchführung einer Kampagne, die präzise Zielgruppenanalyse, die Bedarfsidentifikation oder die Früherkennung unternehmenskritischer Entwicklungen. Neben der Auswertung von Wissens aus dem Social Web gewinnt zunehmend auch die direkte Verbindung von Inhalten des Social Web mit eigenen Daten im Rahmen der Leistungserbringung an Bedeutung (z. B. Anzeige der genutzten Produkten von Freunden, oder der Filterung anhand der Erfahrungen des Freundeskreises). Für die Qualität und Effizienz der Wissensgewinnung sind Fragen der Datenerschließung von Bedeutung und daher Gegenstand von Abschn. 4.3.

- *Workflowunterstützung*: Die Verbindung mit den Aufgaben des operativen CRM (s. Abschn. 1.3) liefert die Workflow- bzw. Transaktionsunterstützung (Reinhold und Alt 2012). Während über die Präsenz bereits allgemeine Interaktionen möglich sind, stellt die Verwendung von Social Media innerhalb der Prozessdurchführung die Verbindung zu den operativen Abläufen in Marketing, Verkauf und Service in den Vordergrund. Dies betrifft etwa die Erfassung eines Servicefalls, die Durchführung einer Beratung oder die Unterbreitung eines Angebots. Kernmerkmal ist der gegenseitige Austausch von Informationen, um eine Aufgabe durchzuführen. Gerade die Echtzeitpotenziale von Social Media können hierbei einen Vorteil gegenüber anderen Kanälen wie etwa dem Callcenter bieten, wenn das Unternehmen intern den Zugang zu den Social Media-Kanälen organisatorisch und technisch ermöglicht. Ein Beispiel ist die Beantwortung eines Servicefalls durch einen Techniker anstatt einer zeitaufwendiger Erstaufnahme durch einen Social Media Manager und die anschließende Weiterleitung zu einem geeigneten Ansprechpartner. Weitere Vorteile ergeben sich, wenn Nutzer selbstständig den Kommunikationskanal wählen und jederzeit den Kanal wechseln können, ohne dass im Unternehmen die Kommunikationshistorie verloren geht.
- *Zusammenarbeit*: Social Media verringern die Grenzen zwischen Unternehmen und Markt, wenn Unternehmen die Interaktion in Richtung einer Zusammenarbeit ausbauen können. Angefangen von einem einfachen Ideenaustausch über das Teilen von Aufgaben bis hin zur gemeinsamen Entwicklung eröffnen Social Media zusätzliche Formen der Zusammenarbeit. Gegenüber der Workflowunterstützung betrifft die Zusammenarbeit die kooperative Bearbeitung einer Aufgabe (z. B. Entwicklung einer Produktidee) oder die Übertragung von Aufgaben an die Community (z. B. Beratungsleistung für Produkte). Neben der Gewinnung von zusätzlichen Ressourcen für die Prozessabwicklung (z. B. im Kundendienst oder der Beratung), zielt dieser Verwendungszweck damit auf die Erschließung zusätzlicher Kompetenzen und Expertise (z. B. zur Identifikation von Verbesserungspotenzialen) und die Gewinnung von Multiplikatoren (z. B. Markenbotschafter) sowie von kreativem Input aus

dem Markt. Voraussetzung ist die Fähigkeit eines Unternehmens, seine Prozesse nach außen zu öffnen und partiell für Dritte zugänglich zu machen. Dies ist etwa über die Bereitstellung eigener Social Media-Plattformen oder die Einbettung von Social Media-Funktionen in eigene Webseiten oder Webshops sowie über die Verbindung mit Feedbackmechanismen (z. B. Gamification-Elemente, Community-Konferenzen) möglich. Eine umfassende Planung und ein kontinuierliches Monitoring sind dabei zur Vermeidung negativer Effekte, beispielsweise bei der Nicht-Übernahme von Community-Ideen, notwendig.

4.2   Umsetzung

Der Einstieg in Social CRM vollzieht sich meist in mehreren Entwicklungsschritten. Grundsätzlich lassen sich vier **Ausbaustufen** auf dem Weg zu einem integrierten Social CRM-Ansatz unterscheiden (s. auch Marx 2011; Malthouse 2013 und Bitkom 2015).

- *Separate Präsenzen:* Vielfach beginnen Social CRM-Projekte in Form kleinerer Testprojekte einzelner Abteilungen. Abhängig vom jeweiligen Einsatzgebiet können dies das Marketing, der Servicebereich oder eine übergreifende Organisationseinheit, wie etwa die Öffentlichkeitsarbeit oder die Personalabteilung sein. Einen ersten Schritt bildet dann die Identifikation von Plattformen, in welchen relevante Diskussionen stattfinden sollen und/oder die Zielgruppe organisiert ist. Darüber können Unternehmen bereits Auswertungen vornehmen, ob und wie Social Web-Nutzer über ihr Unternehmen und dessen Produkte sprechen sowie auf Postings antworten. Der Aufbau einer eigenen Social Media-Präsenz mit selbst moderierten Gruppen schließt sich an. Grundsätzlich sind bereits in der anfänglichen Phase mittels einer manuell verwalteten Social Media-Präsenz sowohl passive bzw. beobachtende Tätigkeiten (Informieren, Analysieren) als auch aktive, auf die Interaktion gerichtete Tätigkeiten (Kommunizieren, Engagement) möglich. Bestehende Vorgehensmodelle ordnen diesen frühen Phasen häufig den Aufbau eines „Listening" zum Lernen und Verstehen der Relevanz von Social Media für das Unternehmen, sowie die Entwicklung von Social Media-Präsenzen über die Inhalte, zu. Die untereinander nicht systematisch abgestimmten Aktivitäten übernehmen dabei im Unternehmen häufig nur wenige Personen.

- *Koordinierte Präsenzen:* In der zweiten Ausbaustufe unterhält das Unternehmen mehrere interne und externe Präsenzen, die es jedoch übergreifend durch eine zentrale Abteilung steuert. Hierbei entstehen unternehmens- bzw. konzernweite Social CRM-Projekte und –Abteilungen, die auch mit spezialisierten Kompetenzprofilen und neuen Stellenbezeichnungen, wie etwa dem Social Media Manager oder dem Chief Listening Officer (s. Iseli 2012, S. 37), verbunden sind. Die zentralen Social CRM-Organisationseinheiten stellen eine übergreifende Zuständigkeit für das Prozess-, Daten- und Infrastrukturmanagement her (s. Tab. 4.1). Die neuen Verantwortlichen wirken damit sowohl bei strategischen Fragen, etwa der kritischen Beurteilung der Chancen und Risiken des Social Web und dem Aufbau einer konsistenten Social CRM-Strategie mit, als auch bei der operativen Ausgestaltung von Social CRM im Unternehmen. Dazu zählen die Entwicklung, Steuerung und Kontrolle der Abläufe (Prozessmanagement) sowie die Bestimmung des Informations- und Integrationsbedarfs (Infrastrukturmanagement). Der Reifegrad ist gekennzeichnet durch den Einsatz analytischer und interaktiver Elemente in einem oder mehreren CRM-Kernbereichen und dem Einsatz von Social CRM-AS (Faase et al. 2011).

Tab. 4.1 Organisatorische Aufgaben im Social CRM (Alt/Reinhold 2012b, S. 512)

Aufgabenbereiche	Beispiele
Prozessmanagement	• Entwicklung zielgruppenspezifischer Social CRM-Aktivitäten und Verknüpfung mit CRM-Prozessen • Identifikation unternehmensrelevanter Plattformen und Inhalte • Abstimmung und Koordinierung zwischen Social Media-Aktivitäten und CRM-Aktivitäten • Messung des Wertbeitrags von Social CRM-Aktivitäten
Datenmanagement	• Erhebung und Auswertung strukturierter und unstrukturierter Daten • Integration externer Daten in bestehende Datenstrukturen • Messung der Social Web-Aktivitäten • Regelbasierte Anlage neuer Geschäftsobjekte (z. B. Lead, Opportunity)
Infrastrukturmanagement	• Aufbau und Betrieb eigener Social Media-Plattformen • Betreuung von Profilen auf externen Plattformen • Verknüpfung von Social Media und innerbetrieblichen Anwendungen (z. B. Business Intelligence, Electronic Commerce, Content Management, CRM)

- *Unternehmensweiter Ansatz:* Obgleich zentrale Zuständigkeiten für Social CRM zur Beurteilung der weiteren technologischen Entwicklungen (z. B. bei Analyse- und Interaktionswerkzeugen), der Abstimmung zwischen den Organisationseinheiten und der übergreifenden Steuerung der Social Media-Präsenzen notwendig sind, beruht Social CRM auf einer Verbindung mit den zuständigen Fachbereichen wie Marketing, Verkauf und Service. Hier gilt es, Social Media als weiteren Interaktionskanal zu verankern sowie die Automatisierung von Analyse und Interaktion zu implementieren (s. Abschn. 3.2). Als weitere Herausforderung ergibt sich bei international agierenden Unternehmen mit Social Media-Präsenzen in mehreren Sprachen ein Abstimmungsbedarf analog zu internationalen Portal- oder E-Commerce-Strategien (Stallmann und Wegner 2015). In der Literatur entspricht dies der Phase des Engagement (Faase et al. 2011), also dem Übergang von der Unterstützung einzelner CRM-Kernbereiche hin zu einer mehrere Bereiche umfassenden gezielten Interaktion mit Social Web-Nutzern entlang des Kundenlebenszyklus (s. Abb. 1.4). Organisatorisch erfolgt eine zentrale Koordination der betroffenen Fachbereiche, die jedoch die breite Qualifikation von Mitarbeitern anstrebt, um diese als Inhaltslieferanten oder auch aktive Nutzer einzubeziehen. Social Media bedeuten auf diesem Entwicklungsgrad kein abgegrenztes Thema mehr, sondern die gezielte Nutzung von Fähigkeiten und Interessen der Mitarbeiter zur Ausgestaltung des Social CRM.

Beispielsweise setzt die dänische Brauerei Carlsberg nach Versuchen mit verschiedenen Stand-alone-Lösungen Falcon Social (s. Abschn. 3.1.1) zum länderübergreifenden Aufbau und Betrieb ihrer Facebook-Präsenzen ein. Damit hat das Unternehmen einen einheitlichen Managementprozess entwickelt, der Berechtigungen, Content Pools und definierte Workflows umfasst. Ein Social Media-Dashboard visualisiert für Steuerungsaufgaben die wichtigsten Metriken: „Community" mit Informationen über Fans und Follower über alle Plattformen hinweg, „Engagement" mit Informationen zur Reichweite und Qualität von Postings sowie „Mentions" mit Informationen, wer über die Marke spricht. Mit einem 49-Länder-Rollout steht die Plattform aktuell mehr als 500 Nutzern zur Verfügung und sie nimmt regelmäßig neue Integrationsanfragen auf. Die Lösung deckt im Jahr 2015 insgesamt 190 soziale Kanäle der Carlsberg-Gruppe ab.

Die **IT-bezogenen Anforderungen** steigen in den drei Ausbaustufen. So reichen in der ersten Stufe reine Anwenderkenntnisse für das Einrichten von Präsenzen und die Nutzung der Analysefunktionalitäten der jeweiligen Plattformen oder anderer frei verfügbarer Dienste im Web aus. Den Zugang zur Technologie vereinfachen die vielen Cloud-Angebote und auch Analysewerkzeuge für einfache Aufgaben, wie etwa der Suche nach Postings mit spezifischen Schlagworten oder zur Verwaltung mehrerer Social Media-Accounts. Damit sind grundlegende Zugriffsmöglichkeiten für die verbreiteten Social Media-Plattformen bereits gegeben. Eine freie Auswahl der zu analysierenden Social Media-Plattformen ist hier jedoch nur selten möglich und die Daten befinden sich weiterhin in den Datenbanken der Social Media-Plattformen (s. Abb. 4.2 rechts) oder der Analysedienste (s. Abb. 4.2 Mitte). Für die ersten beiden Entwicklungsstufen sind die verfügbaren Werkzeuge ausreichend und Web-Tutorials sowie einfach gehaltene Benutzerschnittstellen vereinfachen den Einstieg. Damit können auch Social Media-affine Mitarbeiter mit geringen IT-Kenntnissen erste Social CRM-Aktivitäten initiieren. Ein eigenes Hosting von Social CRM-Systemen ist vielfach nicht erforderlich und es existieren auch zahlreiche Angebote zum Hosting eigener Social Media-Plattformen. In beiden Fällen ist allerdings Zeitaufwand für das Rechtemanagement und die Anwendungsüberwachung vorzusehen.

Grundsätzlich sind die Rohdaten der Social Media-Plattformen (s. Tab. 1.2) über elektronische Schnittstellen extrahierbar bzw. in andere Systeme medienbruchfrei importierbar. Hier sind vor allem die syntaktische und die semantische Korrektheit sicherzustellen, d. h. die vordefinierten Schnittstellen Analysesysteme müssen die Rohdatenfelder korrekt zuordnen. Dies ist gerade in der zweiten Ausbaustufe von Bedeutung, die eine Koordination über mehrere Social Media-Präsenzen hinweg und damit auch die Ermittlung konsolidierter Daten (z. B. aggregierte Sentiments aus verschiedenen Plattformen) vorsieht. Eine weitere Schnittstelle von den Datenbanken der Social CRM-AS hin zu den betrieblichen CRM-Systemen (s. Abb. 4.2 links) erlaubt die Ergänzung der betrieblichen CRM-Daten (s. Abschn. 3.2.4) und bildet die Grundlagen eines unternehmensweiten bzw. integrierten Social CRM-Ansatzes. Dieser deckt alle Aufgabenbereiche

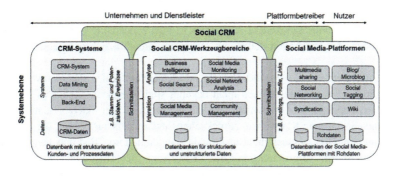

Abb. 4.2 Informationstechnische Umsetzung des Social CRM (Alt/Reinhold 2012a, S. 284)

ab, bietet eine durchgängige Workflow-Unterstützung und ermöglicht spezifische Analysefragestellungen. Aufgrund der Vielzahl an Systemen mit oftmals
überlappenden Funktionsbereichen verfolgen Unternehmen in der Regel einen
Best-of-Breed-Ansatz. Die Auswahl der Systeme sollte allerdings nach vorher
festgelegten Zielen erfolgen, sodass sich die Systeme ergänzen und auch die
Möglichkeit einer Integration zwischen den Systemen besteht.

4.3   Datenerschließung

Für die Analyse von Social Web-Inhalten stellt die Erschließung der Daten
angesichts potenziell großer Datenmengen (s. Abschn. 1.2) eine wichtige Voraussetzung dar. So bedeutet die Erfassung relevanter Social Web-Inhalte, die
Aufbereitung der Daten und deren Verarbeitung zu Informationen bis hin zur
Integration in CRM-Prozesse einen tendenziell steigenden Aufwand. Aktuelle
Lösungen im Bereich des Social Media-Monitorings bzw. der Social Media-Analyse sind hier mit den Herausforderungen der Datenqualität und der Automatisierung konfrontiert.

Bezüglich der **Datenqualität** besitzen die auf Social Media verbreiteten Inhalte
häufig eine hohe Heterogenität. Um die Relevanz der Postings für das Unternehmen beurteilen zu können, sind mittels verschiedener Verfahren wichtige von
unwichtigen Inhalten zu unterscheiden. Dabei ist erschwerend, dass Social Content durch die Kombination von strukturierten, semi- und unstrukturierten Daten
gekennzeichnet ist. So lassen sich strukturierte Daten (z. B. Veröffentlichungsdatum, Sender, Likes, Anzahl Follower) zwar leicht ermitteln, jedoch ist damit
noch kein ausreichender Anhaltspunkt für die Relevanz gegeben. Zum Beispiel
lässt sich Relevanz nur bestimmen, wenn ein Aufgabenbereich definiert ist oder
ein Zweck den die Daten erfüllen oder eine Domäne der sie entsprechen sollen,
bekannt sind. Für Social CRM-Aktivitäten ist insbesondere die Qualität von Informationen über Nutzer von Bedeutung. Dabei sind grundsätzlich zu unterscheiden:

- *Unbekannte Quellen:* Postings in Social Media-Plattformen stammen von Nutzern, die dem Unternehmen nicht bekannt sind. Dies kann einerseits auf die
  Verwendung von Akronymen, also die Verwendung von fiktiven Benutzernamen anstatt von Klarnamen, zurückgehen, andererseits auf Nutzer, die bislang
  mit dem Unternehmen nicht in Kontakt standen und im CRM unbekannt sind.
  Hier ist eine Vermischung mit den CRM-Daten nicht angezeigt und es bietet
  sich das Anlegen separater Identitäten für allgemeine Auswertungen an (s.
  Abschn. 3.2.4).

- *Bekannte Quellen:* Selbst bei der Verwendung von Klarnamen ist deren Validität zunächst nicht gesichert und eine unmittelbare Zuordnung zu vorhandenen Kundendaten in der CRM-Datenbasis genauer zu prüfen. Dies erfolgt beispielsweise, indem bestehende Kunden dem Unternehmen ihre Social Media-Identität kommunizieren oder im Rahmen von Authentifizierungen (z. B. Social Log-in) bekanntgeben. Ebenso können Ähnlichkeitsauswertungen oder die Auswertung von Sprachstilen mit einer bestimmten Wahrscheinlichkeit eine Identität verifizieren. Auf diesem Weg gewonnene Informationen ermöglichen eine umfangreichere Verwertung im CRM.

Neben den mittelbar erkennbaren Merkmalen einer Nachricht, wie z. B. dem Autor, dem Text oder der Bewertung durch andere Nutzer, ergibt sich die Güte eines Inhaltselements oft zusätzlich aus unmittelbaren Merkmalen. So ist für die Verbreitung und Relevanz einer Nachricht sowohl deren Einbettung in einen Themenstrang („Thread") als auch die Verbindung der kommunizierenden Nutzer untereinander von Bedeutung (Agichtein et al. 2008). Für die Qualitätsbewertung lassen sich verschiedene Bewertungsdimensionen nutzen (s. Tab. 4.2). Das Veröffentlichungsdatum eines Postings bietet z. B. Ansatzpunkte zur Beurteilung der Aktualität. Besondere Herausforderungen entstehen mit der Bewertung der Qualität von Texten, die typischerweise in unstrukturierter Form vorliegen. Damit sich diese bezüglich ihrer Relevanz bewerten lassen, sind sie zunächst mit Verfahren der Textanalyse zu zerlegen und in ein strukturiertes Datenformat zu überführen. Zu den Metriken zählt z. B. der inhaltliche Bezug eines Textes zu Fragestellungen des Unternehmens. Mittels der Relevanzbewertung lässt sich die Menge der durch einen Bearbeiter zu verarbeitenden Informationen erheblich reduzieren. Neben der Analyse von Texten sind Methoden der Netzwerkanalyse zur Prüfung der Validität von Benutzerprofilen geeignet. Ebenso können Ähnlichkeitsauswertungen und Auswertung von Sprachstilen unbekannte Profile identifizieren, die nicht valide Informationen verbreiten.

Die **Automatisierung** der Datenerschließung ist angesichts der Datenmengen eine zentrale Voraussetzung der Analyse. Fortgeschrittene automatisierte Analyseverfahren wie etwa Text- oder Sentimentanalysen sind zwar mit einem höherem Implementierungs- und Konfigurationsaufwand verbunden, liefern aber differenziertere Ergebnisse (s. Abschn. 3.2.2). Dafür müssen die Daten eine zur automatischen Verarbeitung geeignete Struktur und weitere kontextunabhängige Qualitätsmerkmale aufweisen (z. B. Vollständigkeit oder strukturelle Integrität). Diese Merkmale sind i. d. R. vom Verwendungskontext der Daten unabhängig untersuch- und bewertbar. Zur Beurteilung der inhaltlichen Relevanz liefern sie

Tab. 4.2 Dimensionen zur Bewertung von Datenqualität und Relevanz im Social CRM

Dimensionen	Beispiele
Glaubwürdigkeit	• Bewertung von Profilen, z. B. anhand des Rankings, Bewertungen durch andere Nutzer, Häufigkeit der Verlinkung • Bewertung von Postings, z. B. anhand von Bewertungen und Kommentaren anderer Nutzer
Fehlerfreiheit	• Vergleich mit anderen Quellen anhand von Semantik oder Syntax
Aktualität	• Bestimmung der Aktualität von Postings anhand von Veröffentlichungsdatum, der letzten Bearbeitung oder der Aktualität von verbundenen Postings • Bestimmung der Aktualität von Profilen anhand des Erstellungsdatum, der Reaktion der Netzstruktur (z. B. Aktualität der Kommentare, Links) oder der Anzahl der Zugriffe
Vollständigkeit	• Bewertung der Schemavollständigkeit anhand der Menge von verknüpften Attributen und Relationen
Angemessener Umfang	• Bewertung der thematischen Nähe anhand von Schlagworten oder der Vergleich mit anderen Postings • Prüfung, ob für die Fragestellung ausreichend Profilinformationen (z. B. Hobbys) vorhanden sind
Hohes Ansehen	• Bewertung des Postings durch andere Nutzer im gleichen oder anderen Netzwerken und die Anzahl der Erwähnungen • Bestimmung der Anzahl von Followern sowie die ein- sowie ausgehenden Verlinkungen
Wertschöpfung	• Analyse der Inhalte nach der thematischen Nähe zu einer Fragestellung einem Themengebiet
Objektivität	• Analyse und Bewertung der Inhalte (z. B. Quellen, Zitate, Paragrafen, Verweise)

allerdings nur wenig genaue Ansatzpunkte. Dies erfordert eine zweite Analysestufe die den Verwendungskontext berücksichtigt. Bei den Analyse-AS sind dazu zwei Ansätze anzutreffen:

• *Vokabulardefinition:* Die Ergebnisse der Analysesysteme sind stark abhängig von den vorab festgelegten Begriffen. Bei der Erstellung von Suchabfragen sind einerseits Positiv- und Negativbegriffe zu unterscheiden. Während Erstere Begriffe darstellen, die in einer Suche vorhanden sein müssen, bezeichnen Letztere die auszuschließen den Begriffe. Je umfassender beide Arten von Vokabularen bestimmt sind, desto präziser fallen die Suchergebnisse typischerweise aus. Allerdings ist das Formulieren der Vokabulare aufwendig

Abb. 4.3 Beispiel von Begriffssystemen (links) und Vokabularlisten (rechts, in Anlehnung an Backhausen/Nissen 2014, S. 16)

und bedingt die Kenntnis der betrachteten Domäne (z. B. des Unternehmens mit seinen Produkten).

• *Begriffssystemdefinition:* Zwar lassen sich mittels geeigneter Schlagwortkombinationen bereits relativ genaue Suchergebnisse erzielen und ungewünschte Begriffe ausschließen, jedoch bestehen weiterhin Semantikprobleme. Beispielsweise ergibt eine Suche in Twitter-Beiträgen nach dem Begriff „Nivea" neben dem Markennamen auch Treffer zu Nutzern, die diesen Namen verwenden. Die Postings dieser Nutzer würden in eine Social Media-Analyse einfließen, da die Analyse-AS nicht zwischen einem Nutzernamen und Posting-Inhalten differenzieren. In einem Dashboard würde das zur Marke vermeintlich entstandene Stimmungsbild falsche Werte einbeziehen und gegebenenfalls falsche Entscheidungen im Online-Marketing nach sich ziehen. Eine Lösung zielt folglich auf die Reduktion oder Eliminierung ungewünschter Effekte durch einen semantischen Abgleich von Inhalten mit relevanten Suchbegriffen. Hierzu bedarf es der Modellierung des Wissens eines Anwendungsgebietes (bzw. einer Domäne) in strukturierter, logischer und maschinenlesbarer Form. Hier kommen vor allem Taxonomien oder Ontologien zum Einsatz (siehe Beispiele in Abb. 4.3).

Die Definition von Vokabularen und Begriffssystemen erfordert in der Praxis einen hohen Aufwand. Je präziser die Definition für ein Analysegebiet erfolgt, desto besser fallen üblicherweise die Analyseergebnisse aus. Der Detailgrad eines manuell erstellten Dictionaries – und damit einer manuellen Konfiguration von Analyse-Werkzeugen – wächst jedoch mit dessen Entwicklungszeit und kann mehrere Monate benötigen. Die DT nutzt beispielsweise mehrere tausend Begriffe zur Identifikation von Postings mit Bezug zum Unternehmen (Backhaus und Nissen 2014]). Eine Möglichkeit zur Reduktion des Aufwandes ist die Verwendung der bereits im Unternehmen vorhandenen Datenbestände zur Domänenmodellierung. So lassen sich zur Erstellung von Dictionaries vorhandene Daten aus unternehmenseigenen Datenspeichern (z. B. CMS, CRM, ERP, Wiki, Lexika) extrahieren und in strukturierter Form ablegen. Weitere Anwendungen, wie etwa

Text Mining-Frameworks können diese im Kontext der Social Media-Analyse einerseits nutzen und andererseits mit Inhalten aus dem Social Web weiter anreichern. Ziel ist die Verkürzung der zur Dictionary-Definition benötigen Zeit auf wenige Minuten bis Sekunden bei angemessener Detailtiefe. Mithilfe dieses Inputs „kennt" ein Text Mining-Framework bereits relevante Begriffe und deren Zusammenhänge innerhalb einer Domäne und kann dadurch Textanalysen effizienter (aufgrund einer nun verringerten Datenmenge) und gezielter (Fokus auf relevante Inhalte) durchführen. Dieses semantische Filtern kann in Verbindung mit Metainformationen, wie Land und Zeitpunkt von Beiträgen sowie Informationen über Autoren aus deren Profil, die Ergebnismenge weiter einschränken.

4.4   Datenschutz

Einen sensiblen Gestaltungsbereich für das Social CRM bildet der Datenschutz. Die mit Social CRM inhärente Nutzung von Daten zur Wissensgewinnung, zur Kommunikation und zur Zusammenarbeit impliziert die Extraktion und Weiterverarbeitung von Daten. Dabei sind zumindest latent Risiken bei der Gefährdung von Persönlichkeitsrechten gegeben. Diese sind als Recht auf freie Entfaltung der Persönlichkeit in Art. 2 (1) des Deutschen Grundgesetzes verankert und haben mit dem Recht auf informationelle Selbstbestimmung des Einzelnen im Volkszählungsurteil des Bundesverfassungsgerichtes den Status eines sog. Grundrechtes erhalten. Mit der Verbreitung von Social Media und der gestiegenen Internet-Nutzung ist die Einhaltung in der Praxis jedoch erschwert. So besitzen viele Personen Profile in Social Media, die häufig öffentlich zugänglich sind und eine Datenverwendung für Dritte vereinfachen. Wenn Unternehmen diese Daten oder Daten von Nutzern aus ihren Präsenzen verwenden, kann dies aus Kundensicht ebenso erwünscht wie unerwünscht sein. Gesetzlich gilt hier das Prinzip eines Datenverarbeitungsverbots mit Erlaubnisvorbehalt (§ 4 Bundesdatenschutzgesetz (BDSG)) und Unternehmen müssen die Datenverarbeitung auf eine Rechtsvorschrift zurückführen, welche die Datenverarbeitung ausdrücklich erlaubt.

Die rechtlichen Grundlagen für die Datenverwendung leiten sich aus mehreren Gesetzen ab. In Deutschland sind dies vor allem das BDSG und das Telemediengesetz (TMG) sowie das Wettbewerbs- und Urheberrecht. Während das BDSG und das TMG den Umgang mit personenbezogenen Daten regeln und technisch-organisatorische Maßnahmen für risikobehaftete Aktivitäten vorschreiben, zielt das Wettbewerbsrecht auf die Ansprache von Kunden bzw. Kontakten und das Urheberrecht auf die rechtskonforme Verwendung von in Social Media erstellten Inhalten ab. Im internationalen Vergleich sind die rechtlichen Rahmenbedingungen in Deutschland restriktiver. Beispielsweise dürfen Unternehmen in den USA Daten grundsätzlich erheben und weiterverarbeiten solange Nutzer dem nicht widersprechen („Opt-out"). In Europa ist dafür hingegen eine ausdrückliche Erlaubnis („Opt-in") notwendig. Erlaubt ist die Erfassung allgemein zugänglicher Daten, d. h. für alle Nutzer gleichermaßen ohne Restriktionen einsehbarer Daten. Dies trifft beispielsweise auf die meisten Profile in Social Media-Plattformen oder auch Produktrezensionen in Webshops zu. Grundsätzlich verboten ist jedoch die Analyse von geschlossenen Bereichen, die Mitarbeiterbeobachtung im privaten Umfeld sowie das Zusammenführen von Social Media-Daten mit betrieblichen Kundenprofilen bzw. CRM-Daten. Ausschlaggebend für die Anwendbarkeit der Datenschutzvorschriften ist der Personenbezug bei verarbeiteten Daten. Personenbezug entsteht beispielsweise durch Namen im Freitext, Adressen, Telefon- und Kundennummern, IP-Adressen, E-Mail-Adressen, Daten über den Aufenthaltsort einer Person oder Klarnamen in Social Media-Profilen. Nach § 3 Abs1. BDSG sind personenbezogene Daten Einzelangaben über persönliche oder sachliche Verhältnisse einer bestimmten oder bestimmbaren natürlichen Person (Betroffener). Zu den **Vorgaben des BDSG** für die Erhebung, Verarbeitung, Nutzung und Weiterleitung von personenbezogenen Daten zählen:

- Die ausdrückliche rechtmäßig wirksame Einwilligung der Nutzer („Opt-in") oder eine gesetzliche Erlaubnis bezogen auf eine Social CRM-Aktivität.
- Die Informationen der betroffenen Nutzer über Zweck, Art und Umfang der Datenverarbeitung.
- Der Verzicht auf nachträgliche Verwendung der Daten für fremde Zwecke etwa für Marketing-Kampagnen (fremder Zweck) nach dem Kauf eines Produktes (primärer Zweck).
- Die Einhaltung der Grundsätze der Erforderlichkeit, Datenvermeidung und Datensparsamkeit.
- Möglichst eine Direkterhebung beim Betroffenen (d. h. keine eingekauften Daten von Social Data-Providern ohne geklärte Herkunft und unklarer Datenqualität).
- Das Bereitstellen der Widerrufsbelehrung oder Widerrufsmöglichkeit sowie die Gewährleistung von Betroffenenrechten, wie Löschungs- und Auskunftspflichten.

Zur Bewertung der rechtlichen Machbarkeit von Social CRM-Maßnahmen, steht der Verwendungszweck der Daten an vorderster Stelle. Zur Bestimmung des Verwendungszwecks sind aber weitere Teilaspekte, wie die Art der erhobenen Daten, deren tatsächlicher Umfang oder die Form der Speicherung bei Nutzung eines Social CRM-Systems von Bedeutung. Tab. 4.3 gibt einen Überblick zu den Bereichen, die eine Datenschutzprüfung von Social CRM-Aktivitäten mindestens

Tab. 4.3 Relevante Bereiche der Datenschutzprüfung im Social CRM

Prüfgebiet	Aspekte des Datenschutzes
Verwendungszweck	• Unternehmen sollten Betroffene über die Erfassung und Verwendung von Daten transparent informieren. Sollte dies nicht möglich sein, können Datenschutzverletzungen gegeben sein. Einen wichtigen Aspekt stellt hier der Betroffene selbst dar und Unternehmen sollten überlegen, ob Kunden die datenschutzrechtlich erlaubte Aktivität auch wünschen • Wichtige Aspekte: Aufklärungspflicht, Einwilligung, Freiwilligkeit, versteckte Werbung, zu eigen machen von Inhalten
Tooleinsatz	• Beim Einsatz von Social Media-Werkzeugen ist grundsätzlich der Verwendungszweck entscheidend und nicht die Fähigkeit des Werkzeugs. Allerdings ermöglichen viele Social CRM-Werkzeuge keine gezielte Einschränkung von Funktionen (z. B. Scoring) oder liefern wenige Informationen über die Erhebungs- und Verarbeitungsprozesse. Ebenfalls ist der Mitarbeiterdatenschutz zu beachten (z. B. Schutz von Log-in-Daten) • Wichtige Aspekte: Scoring[a] nach § 28 BDSG, Mitarbeiterdatenschutz, Auftragsdatenverarbeitung
Datenverwendung	• Bei der Datenverwendung bildet die Intention bei der Datenfreigabe durch den Betroffenen den Ausgangspunkt. Kann der Betroffene von der Weiterverwendung seiner Daten ausgehen oder akzeptiert er keine beliebige Weiterverwendung? Ebenfalls ist bei Social CRM-Maßnahmen die Authentizität der Daten zu hinterfragen, um Identitätsdiebstahl oder unklare Datenherkünfte auszuschließen. • Wichtige Punkte: Löschpflicht, Schutz vor Kenntnisnahme durch Dritte, Trennungsgebot, Pseudonymisierung, Anonymisierung, Schutz besonderer Daten
Datenzugang	• Der Datenzugang ist mittels API, Suchmaschinen oder Webcrawlern häufig technisch einfach. Datenaggregationsdienstleister erfassen und bereiten diese Daten zusätzlich auf. Die Nutzbarkeit dieser Daten ist aus Datenschutzsicht zu prüfen. Wichtige Faktoren sind etwa die Öffentlichkeit der Plattform, die bereits bei einer zwingenden Registrierung vor einem Datenzugriff nicht mehr ohne weiteres gegeben ist. Zusätzlich sind die AGB der Plattformanbieter zu beachten, die häufig eine kommerzielle Nutzung einschränken • Wichtige Punkte: Öffentliche Quelle, Nutzungsgewährung unter Pseudonym

(Fortsetzung)

Tab. 4.3 (Fortsetzung)

Prüfgebiet	Aspekte des Datenschutzes
Organisation	• Neben den rechtlichen Regelungen ist die interne Organisation von Bedeutung. Bewährt haben sich Social Media-Guidelines, die intern Rahmenbedingungen für das Social CRM vorgeben und nach außen den datenschutzkonformen Umgang mit Social Web-Daten vermitteln können • Wichtige Punkte: Kommunikationsrichtlinie, Auskunftsmöglichkeiten, Impressum, Transparenz

[a]Mathematisch-statistische Verfahren, die auf Grund von Erfahrungswerten aus der Vergangenheit anhand von Wahrscheinlichkeitswerten auf künftiges Verhalten oder Ereignisse schließen.

berücksichtigen sollte. Für **datenschutzkonforme Social CRM-Maßnahmen** sollten Unternehmen entweder Daten mit Personenbezug ausschließen oder die genannten Vorgaben erfüllen. Als Maßnahmen ergeben sich daher:

- Bei Verwendung personenbezogener Daten das aktive Einholen eines „*Opt-In*" seitens des Nutzers, wobei versteckte Klauseln in unübersichtlich gehaltenen Geschäftsbedingungen keine Gültigkeit besitzen. Beispielsweise können Marketing-Mitarbeiter und Datenschutzbeauftragte einem „Datenschutz Dashboard" in Echtzeit entnehmen, ob die notwendigen Einwilligungen je Kampagne vorhanden sind (s. Abb. 4.4).
- Die *Anonymisierung* von Daten durch Veränderung oder Löschung von personenbezogenen Merkmalen, sodass eine Zuordnung zu einer Person ausgeschlossen ist. Dies ist insbesondere bei einer Aggregation aus einer größeren Menge an Basisdaten gegeben.
- Die *Pseudonymisierung* von Daten durch Ersetzen von Namens- oder anderer Identifikationsmerkmale durch ein Kennzeichen, das die Bestimmung des Betroffenen ausschließt oder wesentlich erschwert. Anders als bei der Anonymisierung ist es jedoch möglich den Bezug zwischen den Daten und der Person wiederherzustellen. Pseudonyme schützen daher zwar die Identität des Betroffenen gegenüber Dritten, nicht jedoch gegenüber der verantwortlichen Stelle.
- Strikte Bindung der Verwendung personenbezogener Daten an den *Verwendungszweck*, z. B. eine Angebots- oder Serviceanfrage. Über den Verwendungszweck hinaus existieren weitere für die Datenschutzprüfung relevante Kriterien, die ggf. eine Verwendung erlauben (s. Tab. 4.3) und eine Einzelfallprüfung bedingen. Zwei Beispiele für eine derartige Datenschutzprüfung finden sich in Tab. 4.4.

Tab. 4.4 Beispiele zur Datenschutzprüfung im Social CRM

Prüfgebiet	Vorgehen zur Datenschutzprüfung
Reaktiver Service mittels CRM-Abgleich	• Ein Kunde beschwert sich über sein öffentliches Twitterprofil, welches auch seinen Namen aufweist, dass eine Lieferung noch nicht bei ihm angekommen ist • Darf das Unternehmen diese Daten nutzen, um im CRM-System den Status der Bestellung zu prüfen und dem Kunden zu antworten? • Die datenschutzrechtliche Prüfung ermittelt, ob die Antwort für die Vertragsabwicklung notwendig ist (Aktivität), die verwendeten Daten allgemein zugänglich sind (Tooleinsatz) und, ob eine Einwilligung für die Übermittlung der Antwort über den jeweiligen Kanal vorliegt (Verwendungszweck) • Während der Zweck den Datenabgleich mit dem CRM rechtfertigen kann, ist eine Rückantwort über Twitter rechtlich problematisch und es sollte per Twitter nur eine allgemeine Rückantwort gepostet und über E-Mail die eigentlichen Informationen gesendet werden
Profiling von Influencern bzw. Meinungsführern	• Ein Autor kommentiert regelmäßig negativ die Produkte und Leistungen eines Unternehmens ausschließlich gegenüber seinen Followern über sein privates Facebook-Profil und Follower teilen diese Inhalte öffentlich • Darf ein Unternehmen gezielt die Meldungen der Follower erfassen und zur Profilbildung des Autors nutzen, um sich zu positionieren? • Die datenschutzrechtliche Prüfung ermittelt, ob sichergestellt ist, dass immer Meinungen des Autors gefunden werden (Tool), welchen Zweck die Sammlung verfolgt (Verwendungszweck), ob die Daten aus öffentlichen Quellen stammen (Tooleinsatz) und welche Intention des Autors zugrunde liegen kann (Datenverwendung) • Während die spätere Intention eine Datenerfassung ggf. noch rechtfertigen kann, zeigt der mangelnde Publizitätswille des Autors durch sein persönliches Profil den nicht vorhandenen Publizitätswillen. Eine Erhebung sowie Profiling sind daher tendenziell rechtswidrig

Einzelne Social Media-Maßnahmen erfordern zusätzlich die Meldung beim Datenschutzbeauftragten, der dann beispielsweise ein Social Media Monitoring hinsichtlich des Datenschutzes bewerten und gegebenenfalls Handlungsempfehlungen an den Fachbereich aussprechen kann. Aus betrieblicher Sicht ist es häufig eine Gratwanderung, Datenschutz zu gewährleisten ohne CRM-Maßnahmen zu behindern. Hier können Datenschutzmanagementsysteme Fachbereiche und Datenschutzbeauftragte bei der Planung und Dokumentation ihrer Maßnahmen

Abb.4 4 Nutzerdashboard aus dem Forschungsprojekt Sphere

unterstützen sowie Workflows für die Datenschutzprüfung anbieten. Abb. 4.4 zeigt ein Datenschutzmanagementsystem, das Fachbereiche beispielsweise bei der Planung einer Social Media-Kampagne auf datenschutzrechtliche Risiken und Lösungsmechanismen hinweist.

Zusammenfassung und Ausblick 5

Social CRM erschließt das Social Web für das Kundenbeziehungsmanagement und realisiert damit eine unmittelbare Beziehung zu Konsumenten, Interessenten und Kunden, auch wenn diese nicht aktiv den Kundenberater oder die Hotline aufsuchen. Aus strategischer Sicht bedeutet das Social CRM eine Erweiterung des bestehenden Kundenbeziehungsmanagements, aus organisatorischer Sicht die Schaffung von zusätzlichen Zuständigkeiten sowie von Aufgaben und den Einbezug von Social Media in die CRM-Prozesse und aus technologischer Sicht die Realisierung automatisierter Monitoring-, Interaktions- und Managementfunktionalitäten. Damit ist Social CRM ein umfassendes Konzept, das sich nicht auf den Einsatz von technologischen Werkzeugen reduzieren lässt. Vielmehr besteht die Zielstellung des Social CRM darin, durch die Potenziale des Social Web einen positiven Beitrag zu den Kundenbeziehungen eines Unternehmens zu leisten. Dies reicht von einer stärkeren emotionalen Verbindung als „Fan" oder „Follower" einer Präsenz hin zu gezielten Empfehlungen, Verkaufsmöglichkeiten und Serviceprozessen. Letztlich verändert sich dadurch das traditionelle, unternehmenszentrierte Kundenbeziehungsmanagement und orientiert sich stärker an den Nutzern bzw. den Kunden selbst. Durch Organisation in verschiedenen – von internen bis externen entsprechend dem Zwiebelmodell – Social Media (s. Abb. 5.1) erhalten diese Plattformen zur Meinungsäußerung und zum Mitteilen von Empfehlungen, die alle Stufen des Kundenlebenszyklus betreffen. Die Möglichkeit zur Kundeninteraktion an vielen Interaktionspunkten („Touch Points") lässt sich als eine Dynamisierung im Sinne einer intensivierten Kundeninteraktion verstehen. Das Social Web zeigt hier drei **Charakteristika:**

© Springer-Verlag GmbH Deutschland 2016
R. Alt und O. Reinhold, *Social Customer Relationship Management,*
DOI 10.1007/978-3-662-52790-0_5

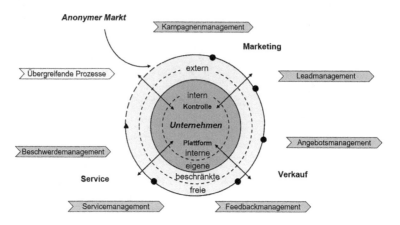

Abb. 5.1 Dynamisierter Kundenlebenszyklus

- Aufgrund der Verbreitung des Social Web findet eine Behandlung unternehmensrelevanter Sachverhalte *außerhalb der Einflusssphäre von Unternehmen* statt. Diese können durch Verfolgen der Diskussionen direkter „am Puls" des Marktes sein und ggf. auf konstruktive wie kritische Entwicklungen reagieren.

- Die Möglichkeit, in *Echtzeit direkt mit Nutzern zu interagieren,* eröffnet Potenziale zur Generierung von Kundennutzen entlang des Kundenlebenszyklus. Diese reichen von gezielten Angeboten auf Basis aggregierten Wissens („Collective Intelligence", „Recommendation Engines") über Verkaufsmöglichkeiten („Group Shopping", „Social Shopping") hin zur Serviceunterstützung („Self Service", Servicedialoge) und zum Innovationsmanagement („Co-Creation", „Open Innovation").

- *Kundennutzen ist mit dem Datenschutz zu balancieren.* Gerade die Analyseverfahren bieten weitreichende Möglichkeiten, deren Anwendung nicht im Interesse der Nutzer stehen muss. Unternehmen sollten sich dessen nicht nur bewusst sein, sondern einen transparenten Umgang mit Datenschutzfragen verfolgen und sich am Zielbild des selbstbestimmten Nutzers orientieren. Hierzu zählen möglichst selektive „Opt-in"-Möglichkeiten ebenso wie eine Offenlegung der erfassten personenbezogenen Informationen den jeweiligen Nutzern gegenüber.

Gleichzeitig sichert ein Mix der Präsenzen die Kontrolle über Inhalte und Kontaktkanäle. Während externe Plattformen eine hohe Reichweite des Social CRM-Ansatzes sicherstellen, besteht für Unternehmen die Gefahr eines Kontrollverlustes, beispielsweise durch Änderungen an den Allgemeinen Geschäftsbedingungen (AGB) der Plattform oder Einschränkungen des Dienstes. Die Ergänzung mit selbst gehosteten Plattformen, wie Blogs, eigenen Foren und der eigenen Webseite sichert hier die Unabhängigkeit, bessere Auswertungsmöglichkeiten und einen flexibleren Umgang mit den Kontakten. Die Herausforderung liegt in der Überführung externer Kontakte auf interne Plattformen.

Die vier Fallbeispiele des Buches illustrieren zahlreiche Details zum praktischen Einsatz von Social CRM bei Unternehmen. So ist im Rahmen des Social CRM die Präsenz meist nicht nur auf eine Plattform beschränkt, sondern umfasst i. d. R. mehrere Plattformen. Während die Öffentlichkeitsarbeit eines Unternehmens diese Präsenzen etablieren und in geringem Umfang darüber auch Inhalte publizieren kann, erfordert die auf einen höheren Kundennutzen zielende Verbindung mit den CRM-Kernbereichen die Beteiligung der betreffenden Fachabteilungen. Social CRM bedeutet daher **Konsolidierung** in drei Bereichen:

- *Bereitstellung und Betreuung einer Präsenz des Unternehmens* in verschiedenen Social Media-Plattformen. Dies können Präsenzen in unternehmenseigenen oder -fremden sowie offenen oder zugangsbeschränkten Plattformen sein. Ebenso ist bei international agierenden Unternehmen die Abstimmung von mehrsprachigen Präsenzen und von Plattformen in den jeweiligen Ländern erforderlich.
- *Abbildung von Kundenprozessen* entlang der CRM-Bereiche des gesamten Kundenlebenszyklus („Customer Journeys") und einer nutzenstiftenden und datenschutzkonformen Verbindung von Analyse- und Interaktionsaktivitäten. Tendenziell führt dies zu einer erhöhten Komplexität der betrieblichen CRM-Prozesse, die zusätzlich die Verbindung mit anderen Kanälen zu berücksichtigen haben.
- *Bereitstellung einer IT-Infrastruktur für das Social CRM* zur Reduktion der Komplexität, welche die Datenextraktion aus Social Media-Plattformen sowie die Analyse, Interaktion und die Kopplung mit dem CRM-System unterstützt. Bei den zahlreichen, heute verfügbaren AS sind dabei von einer künftigen Konsolidierung und dem Entstehen integrierter Social CRM-Systeme auszugehen.

Obgleich die Effekte des Social CRM noch nicht abschließend erkannt sind und Unternehmen weiterhin mit den Potenzialen des Social Web Erfahrungen sammeln, deuten die Fallbeispiele doch auf zahlreiche Nutzeffekte hin (s. Tab. 5.1). Diese Nutzeffekte ergeben sich jedoch nicht automatisch mit dem Social Media-Einsatz, sondern erst durch die sinnhafte Verknüpfung strukturierter und unstrukturierter Daten über Geschäftsprozesse im Einklang mit bestehenden Kundenkanälen und Strategien. Während sich für ein Unternehmen mit stark

Tab. 5.1 Nutzeffekte des Social CRM

CRM-Kernbereich	Nutzeffekte
Marketing	• Durchführen von Kampagnen an Social Media-Nutzer • Identifikation von Kontakten („Leads") aus Diskussionen • Verfolgen des Erfolgs von Kampagnen in Echtzeit • Zeitkritische Kommunikation im Erstkontakt • Verwendung von UGC in Marketingaktivitäten
Verkauf	• Beratung über Social Media und Nutzung von Social Media-Shops als Vertriebskanal • Konversion der Social Media-Leads zu Käufern über Verknüpfungen mit Verkaufsplattformen • Empfehlungen aus Social Media für Webshops („Social Shopping") • Unterstützung anderer Vertriebskanäle (Webshop, Filiale, Vertriebsmitarbeiter)
Service	• Aktivieren der Social Web-Nutzer als „Servicemitarbeiter" zur Fehlererkennung/-behebung • Bearbeiten von Serviceanfragen in Echtzeit und Verbinden mit dem Servicemanagement • Identifikation von Problemen in Foren und Publikation von Problemlösungen • Benachrichtigung der Community über auftretende Probleme bzw. Themen
Übergreifend	• Identifikation und gezielte Ansprache von Meinungsführern („Influencer") • Entwickeln von unternehmens-/marken-/produkt-/themenaffiner Communities • Qualitativ hochwertigere Daten über Kunden und die Customer-Journey durch Social Log-ins • Beitrag zu Marken- und Reputationsmanagement durch Verfolgen positiver/negativer Postings • Erkennen von Trends und Beitrag zu neuen Produkten/Innovationen

emotionalen Produkten die Nutzung von Social Media etwa für kooperative Marketingaktivitäten eignen mag, kann ein anderes Unternehmen mit eher anonymen Produkten mit den gleichen Ansätzen scheitern.

Eine wichtige Rahmenbedingung für die Möglichkeiten des Social CRM bildet die Reife der organisatorischen und technischen Infrastruktur: Während Unternehmen, die nur mittels plattformeigener Werkzeuge ihre Präsenzen auswerten, zwar Standardauswertungen (z. B. Anzahl Postings, Likes etc.) nutzen können, eröffnet die automatisierte Textauswertung Einblicke in Hintergründe und ist Grundlage für die Weiterverwendung von Wissen. Beispielsweise liefert die Suche nach Problemen und Lösungen die Möglichkeit einer zeitnahen Identifikation und gezielten Publikation von Lösungen (z. B. als FAQ). Ebenso könnten Passagiere einer Fluggesellschaft, die nach Verlassen des Flugzeugs einen Wertgegenstand im Flugzeug vergessen haben, dies der Airline über den Social Media-Service mitteilen. Die Airline könnte das Problem herausfiltern und die Betriebsabteilungen bzw. -dienstleister am betreffenden Flughafen benachrichtigen, um den Gegenstand zu suchen und den Passagier über Social Media über das Ergebnis der Suche direkt informieren. Eine derartige Verzahnung setzt zahlreiche abgestimmte Strukturelemente voraus, wofür die Architektur des **integrierten Social CRM** einen Ordnungsrahmen liefert (s. Abb. 5.2) (s. auch Reinhold 2017):

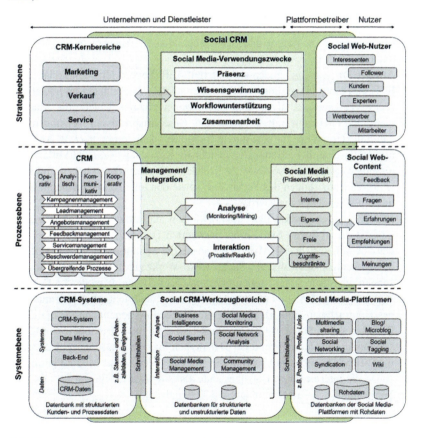

Abb. 5.2 Architektur des integrierten Social CRM

- Auf *Strategieebene* finden sich die vier grundlegenden Verwendungszwecke (s. Abschn. 4.1) von Social Media in den CRM-Kernbereichen. Grundsätzlich sind für einen konkreten Anwendungsfall alle Kombinationsmöglichkeiten zwischen den zugehörigen CRM-Prozessen und den Verwendungszwecken möglich. Langfristiges Ziel des CRM ist die Gewinnung und Bindung profitabler Kunden. Das Social Web kann hierzu in jedem Schritt der Wirkungskette des CRM (Leußer et al. 2011) einen positiven Beitrag leisten. Beispielsweise haben Unternehmen wie die Fidor Bank Social Media zur Zusammenarbeit im Angebots- sowie Produkt- und Innovationsmanagement genutzt, indem Kunden bestimmte Finanzprodukte gemeinsam definiert und bewertet haben, und Fidor diese dann über seine Community allen Kunden angeboten hat. Andere Unternehmen wie TripAdvisor reichern die über das Social Web gewonnenen Informationen mit eigenen Daten an, um genauere Hotelbeschreibungen sowie Empfehlungen zu liefern und damit ebenfalls das Angebotsmanagement zu unterstützen.
- Auf der *Prozessebene* finden sich die fünf Aufgabenbereiche des Social CRM. Es bedarf einer Integration von Präsenzen und Kontaktpunkten im Social Web sowie geeigneten Analyse- und Interaktionsverfahren, welche die Managementfunktionalitäten mit existierenden Geschäftsprozessen verzahnen und damit die Grundlage für eine durchgängige Kundeninteraktion (z. B. Angebote über unterschiedliche Kanäle, vergleichbare Kundendienstqualität) bilden. Auf diesem Weg ist ein geschlossener Kreislauf zwischen den Inhalten und Interaktionsaufforderungen des Social Web sowie den unternehmensseitigen Handlungsmöglichkeiten realisierbar.
- Die *Systemebene* liefert die Funktionalitäten zur Aufgabendurchführung und umfasst die in Social Media implementierten Dienste, die Werkzeugbereiche des Social CRM, die CRM-Systeme sowie die Schnittstellen zwischen diesen Komponenten. Spezialisierte Social CRM-Werkzeuge sind entweder Insellösungen oder über Schnittstellen mit dem CRM-System bzw. dessen Datenbeständen verbunden. In Letzterem sind die kundenorientierten Informationen des Unternehmens hinterlegt sowie die Prozessfunktionalitäten für die CRM-Prozesse sowie Schnittstellen zu Back-End-Systemen abgebildet. Die Datensicht unterscheidet aufgrund der Datentypen und Qualitätsunterschiede neben dem CRM-Datenbestand sowohl die Rohdaten der Social Media-Plattformen sowie die intermediären Datenbestände als „Spielwiese" für die Social CRM-Werkzeuge (z. B. zur Sentiment- und Textanalyse).

Zwar zeichnet sich gegenwärtig eine Konsolidierung der Anbieter bei den **Social CRM-Werkzeugen** ab. Jedoch ist noch offen, ob sich bestehende CRM-Systemanbieter (z. B. Salesforce) mit der Integration neuer Social CRM-Funktionalitäten oder eher neu entstehende Social CRM-Werkzeuge (z. B. Falcon Social, Facebook-App-Baukästen) mit der Möglichkeit einer flexiblen Verknüpfung mit bestehenden Systemen durchsetzen. Während Letztere oftmals schneller neue Funktionen entwickeln und implementieren sowie gezielt spezifische Prozessanforderungen adressieren können, verfügen Erstere über den Vorteil eines direkten Zugriffs auf die relevanten Kunden- und Marktdaten sowie einer Integration mit Back- und Frontend-Systemen. Gleichzeitig bewirkt Social CRM die Weiterentwicklung bestehender CRM-Standardsoftware (z. B. Microsoft CRM) um die Verarbeitungsfähigkeit von unstrukturierten Daten, welche als Enabler für die Erschließung bisher ungenutzter CRM-Daten sowie eine Grundlage für zukünftige Big Data-Anwendungsfälle, darstellen. In der Praxis sind integrierte Lösungen noch nicht weit verbreitet, wofür neben dem Fehlen integrierter CRM-Standardsoftware für das Social CRM vor allem grundsätzliche Zweifel an den Einsatzmöglichkeiten des Social CRM und den damit verbundenen finanziellen Vorbehalten gelten. Umfragen deuten jedoch auf die Relevanz einer weiteren Integration hin (DDV 2013).

Vor diesem Hintergrund möchte das vorliegende Buch einen Beitrag zur Orientierung liefern. Ebenso soll es Unternehmen dafür sensibilisieren, dass Social Media Kommunikationskanäle sind, die (insbesondere die nachwachsende Generation) ganz natürlich neben anderen bekannten Kanälen verwendet. Ebenso selbstverständlich hat sich die Nutzung von Social Media im CRM zu etablieren, wobei jedes Unternehmen den Wertbeitrag dieses neuen Ansatzes für sich und seine Kunden bestimmen muss.

Anknüpfend an die im Vorwort formulierte positiv-konstruktive Nutzung des Social CRM, schaffen die für die Nutzer entstehenden Vorteile – analog zum Online Banking – Anreize und die notwendige Bereitschaft zur zumindest selektiven Freigabe von personenbezogenen Daten. Allerdings haben die Unternehmen die Verantwortung damit vertrauensvoll und datenschutzkonform umzugehen, um das Risiko einer verstärkt restriktiven Freigabe oder einer bewusst unwahrheitsgemäßen Angabe von Daten zu reduzieren. Nicht zuletzt werden sich die rechtlichen Rahmenbedingungen mit Blick auf die Erfassung sowie die Verwendung und Speicherung von Social Media-Daten in den nächsten Jahren weiter konkretisieren. Es ist daher zu erwarten, dass die steigende Rechtssicherheit in Verbindung mit der wachsenden Leistungs- und Integrationsfähigkeit von Social CRM-Werkzeugen sowie dem breiten, bereits mit geringen Investitionen zu erschließenden Einsatzpotenzial von Social CRM, künftig zu einem steigenden Einsatz von Social CRM in zahlreichen Unternehmen führt.

Literatur

Agichtein E, Castillo C, Donato D, Gionis A, Mishne G (2008) Finding high-quality content in social media. In: Proceedings international conference on web search and web data mining (WSDM'08), ACM, S 183–194

Alt R, Reinhold O (2012a) Social-Customer-Relationship-Management (Social-CRM). Wirtschaftsinformatik 54(5):281–286

Alt R, Reinhold O (2012b) Social Customer Relationship Management. WISU – Das Wirtschaftsstudium 41(4):508–514

Backhaus D, Nissen O (2014) Telekom hilft, Das A(lert)-Team – Beschwerdestimulation via digitalem Outbound, AllFacebook Marketing Conference. http://de.slideshare.net/fbmarket/telekom-hilft-das-alertteam-beschwerdestimulation-via-digitalem-outbound. Online-Version vom 31. Aug. 2015

Baumbach M (2002) Adress Care – Moderne Methoden zur Adressaktualisierung. In: Dallmer H (Hrsg) Das Handbuch des Direct Marketing & More. Gabler, Wiesbaden, S 625–639

Bitkom (2015) Social Media Leitfaden, 3. Aufl. https://www.bitkom.org/Publikationen/2015/Leitfaden/Social-Media-Guidelines/150521_LF_Social_Media.pdf. Online-Version vom 26. Aug. 2015

Budde L (2012) Facebook Big Data: Das gigantische Datenaufkommen des Social-Network-Riesen, In: t3n v. 23.08.2012. http://t3n.de/news/facebook-big-data-gigantische-410203/. Online-Version vom 15. Aug. 2015

Burson-Marsteller (2012) The global social media check-up. http://www.burson-marsteller.de/what-we-do/our-thinking/burson-marsteller-global-social-media-check-up-2012. Online-Version vom 11. Juli 2013

CNET (2013) YouTube by the numbers at Google, I/O. http://news.cnet.com/8301-1023_3-57584702-93/youtube-by-the-numbers-at-google-i-o/. Zugegriffen: 11. Juli 2013

DDV (2013) Umfrage zu Social Media im Relationship Management, Deutscher Dialogmarketing Verband (DDV). http://www.ddv.de. Online-Version vom 14. Sept. 2014

Dell (2015), Global social media policy. http://www.dell.com/learn/us/en/uscorp1/corp-comm/social-media-policy. Online-Version vom 11. Nov. 2015

Deutsche Telekom (2014) Social Media weltweit. https://www.telekom.com/socialmedia. Online-Version vom 14. Dez. 2014

© Springer-Verlag GmbH Deutschland 2016
R. Alt und O. Reinhold, *Social Customer Relationship Management*,
DOI 10.1007/978-3-662-52790-0

Ebersbach A, Glaser M, Heigl R (2010) Social web. UVK, Konstanz

Faase R, Helms R, Spruit M (2011) Web 2.0 in the CRM domain: Defining Social CRM. Int J of Electron Cus Relat Manage 5(1):1–22

Falcon Social (2015), Building a social media dashboard with Carlsberg. https://www.falcon.io/. Online-Version vom 01. Okt. 2015

Garratt D (2014) Let's cut a slice of the CRM pie! https://www.falcon.io. Online-Version vom 26. Mai 2014

Gronover S, Riempp G, Gebert H, Bach V (2003) Customer Relationship Management – Ausrichtung von Marketing, Verkauf und Service am Kunden. In: Österle H, Winter R (Hrsg) Business Engineering. Springer, Berlin, S 267–287

Gupta M (2013) Social net advocacy (SNA) demo tour. http://de.slideshare.net/dellsocialmedia/social-net-advocacy-pulse-demo-tour. Online-Version vom 08. Aug. 2015

Gupta M (2014) Social net advocacy pulse (SNAP): Using real-time brand advocacy analytics to drive business. http://de.slideshare.net/socialmediaorg/social-net-advocacy-plus-snap-using-realtime-brand-advocacy-analytics-to-drive-business-presented-by-munish-gupta. Online-Version vom 08. Aug. 2015

HDE (2016) E-Commerce-Umsatz (B2C) in Deutschland in den Jahren 1999 bis 2015 sowie eine Prognose für 2016 (in Milliarden Euro). http://de.statista.com/statistik/daten/studie/3979/umfrage/e-commerce-umsatz-in-deutschland-seit-1999. Online-Version vom 26. Aug. 2016

Heiss A (2014) Dell social training & activation global lead. http://de.slideshare.net/dellsocialmedia/unleashing-the-power-of-employee-advocates. Online-Version vom 08. Aug. 2015

Leußer W, Hippner H, Wilde K-D (2011) CRM – Grundlagen, Konzepte und Prozesse. In: Hippner H, Hubrich B, Wilde K-D (Hrsg) Grundlagen des CRM: Strategie, Geschäftsprozesse und IT-Unterstützung. Gabler, Berlin, S 15–55

ISC (2016) Domain survey April 2016, Internet systems consortium. https://www.isc.org/network/survey/. Online-Version vom 30. Aug. 2016

Iseli MA (2012) Der Chief Listening Officer – Neue Studiengänge und Berufe, die durch Social Media geschaffen wurden, in: Neue Zürcher Zeitung v. 19.03.2012, S 37

Malthouse EC, Haenlein M, Skiera B, Wege E, Zhang M (2013) Managing customer relationships in the social media era: Introducing the Social CRM house. J Interact Mark 27(4):270–280

Marx S (2011) Social media listening and engagement journey. http://blogs.cisco.com/socialmedia/social-media-listening-and-engagement-journey. Online-Version vom 11. Okt. 2014

Mathisen G (2013) Social media governance, tools and employee certification, slideshare. http://de.slideshare.net/dellsocialmedia/social-media-governance-tools-and-employee-certification-16694385. Online-Version vom 08. Aug. 2015

o. V. (2012) Case study: How Dell sold 3,887 PCs on renren http://blog.mslgroup.com/case-study-how-dell-sold-3887-pcs-on-renren/. Online-Version vom 11. Nov. 2015.

Parker G, Thomas L (2012) Wave 6: The business of social – social media tracker 2012. http://wave.umww.com/. Online-Version vom 10. Juli 2013

Reinhold O (2015) Einführung in das integrierte Social CRM. In: Alt R, Reinhold O (Hrsg) Anwendungsfälle und Werkzeuge des Social CRM, Forschungsberichte des Instituts für Wirtschaftsinformatik der Universität Leipzig, Heft 10, S 3–8

Reinhold O (2017) Framework for integrated Social CRM. Dissertation, Universität Leipzig (Veröffentlichung in Vorbereitung)

Reinhold O, Alt R (2011) Analytical social CRM: Concept and tool support. In: Pucihar A, Gricar J, Wickramasinghe N, Lechner U, Wigand D-L (Hrsg) Proceedings 24. Bled eConference, Bled 2011, S 226–241

Reinhold O, Alt R (2012) Social customer relationship management: State of the art and learnings from current projects. In: Pucihar A, Lechner U, Wigand, D-L (Hrsg) Proceedings 25. Bled eConference, Bled 2012, S 155–169

RP Online (2011) Facebooks Top-Liste 2010. http://www.rp-online.de/digitale/internet/Facebooks-Top-Liste-2010_bid_61512.html. Online-Version vom 11. Juli 2013

Sayers A (2011) BMW uses Dell streak and BMW mini to launch car sharing product. http://en.community.dell.com/dell-blogs/direct2dell/b/direct2dell/archive/2011/03/31/bmw-uses-dell-streak-and-bmw-mini-to-launch-car-sharing-product. Online-Version vom 06. Mai 2013

Schoder D (2015) Real-Time-Marketing – Fragen und Antworten für Entscheider. Deutscher Marketing Verband, Köln

Schubert P (2009) Kollaboratives Customer Relationship Management. In: Enzyklopädie der Wirtschaftsinformatik – Online Lexikon. http://www.enzyklopaedie-der-wirtschaftsinformatik.de/. Online-Version vom 15. Jan. 2009

Seybert H, Reinecke P (2013) Survey on ICT, statistics in focus 29/2013, Eurostats

Sirur D (2012) Dell launches pinterest page to share pinteresting content curated across time and the web. http://en.community.dell.com/dell-blogs/direct2dell/b/direct2dell/archive/2012/07/19/dell-launches-pinterest-page-to-share-pinteresting-content-curated-across-time-and-the-web.aspx. Online-Version vom 18. Dez. 2012

Stallmann F, Wegner U (2015) Internationalisierung von E-Commerce-Geschäften – Bausteine, Strategien, Umsetzung. Springer, Berlin

Statista (2012) Prognose zum Volumen der jährlich generierten digitalen Datenmenge weltweit in den Jahren 2005 bis 2020 (in Exabyte). http://dc.statista.com/statistik/daten/studie/267974/umfrage/prognose-zum-weltweit-generierten-datenvolumen/. Online-Version vom 15. Dez. 2014

Statista (2015a) Anzahl der Internetnutzer in Deutschland, die das Internet mindestens gelegentlich nutzen, von 1997 bis 2015 (in Millionen). http://de.statista.com/statistik/daten/studie/36146/umfrage/anzahl-der-internetnutzer-in-deutschland-seit-1997/. Online-Version vom 26. Aug. 2016

Statista (2015b) Die 20 Firmen mit den meisten Fans bei Facebook im Januar 2015 (in Millionen). http://de.statista.com/statistik/daten/studie/70188/umfrage/top-firmen-nach-der-anzahl-der-fans-bei-facebook/. Online-Version vom 22. Aug. 2015

Statista (2016a) Anzahl der Internetnutzer weltweit in den Jahren 1997 bis 2015 sowie eine Prognose für 2016 (in Millionen). http://de.statista.com/statistik/daten/studie/186370/umfrage/anzahl-der-internetnutzer-weltweit-zeitreihe/. Online-Version vom 26. Aug. 2016

Statista (2016b) Anzahl der Nutzer sozialer Netzwerke weltweit in den Jahren 2010 bis 2015 sowie eine Prognose bis 2020 (in Milliarden). http://de.statista.com/statistik/daten/studie/219903/umfrage/prognose-zur-anzahl-der-weltweiten-nutzer-sozialer-netzwerke/. Online-Version vom 26. Aug. 2016

Statista (2016c) Number of worldwide internet hosts in the domain name system (DNS) from 1993 to 2016 (in millions). http://www.statista.com/statistics/264473/number-of-internet-hosts-in-the-domain-name-system/. Online-Version vom 26. Aug. 2016

Studer R, Benjamins R, Fensel D (1998) Knowledge engineering: Principles and methods. Data Knowl. Eng. 25(1–2):161–198

Versteeg S (2013) How Dell became a social company. http://de.slideshare.net/projectmanagement_bbp/nccc-presentatie-simone-versteeg. Online-Version vom 08. Aug. 2015

Zikipoulos P, Deroos D, Parasuraman K, Deutsch T, Corrigan D, Giles J (2013) Harness the power of big data. McGrawHill, New York

Stichwortverzeichnis

© Springer-Verlag GmbH Deutschland 2016
R. Alt und O. Reinhold, *Social Customer Relationship Management*,
DOI 10.1007/978-3-662-52790-0

Printed by Printforce, the Netherlands